现代实用文体的
写作与修辞探究

王焱 魏芳◎著

中国纺织出版社

内容提要

本书对现代实用文体的写作与修辞进行了系统研究,分为理论与实践两大部分。理论部分,主要探讨了实用文体、写作、修辞的基础知识内容,然后论述了实用文体写作的理论依据以及写作规律,同时研究了写作中的修辞要素。实践部分,主要分析了商务文体、旅游文体、法律文体、科技文体的写作及修辞。本书深入浅出地分析了提升实用文体写作技能所需要掌握的主要知识点和难点,理论全面、内容详实,书中既有理论的讲解,也结合了实践练习,可以有效帮助读者提高自身的实用文体写作能力,是一本值得学习研究的著作。

图书在版编目(CIP)数据

现代实用文体的写作与修辞探究 / 王焱,魏芳著. -- 北京:中国纺织出版社,2018.2
ISBN 978-7-5180-4005-6

Ⅰ.①现… Ⅱ.①王…②魏… Ⅲ.①英语—写作②英语—修辞 Ⅳ.①H315

中国版本图书馆 CIP 数据核字(2017)第 217411 号

责任编辑:姚　君　　　　　　　　　　　责任印制:储志伟

中国纺织出版社出版发行
地址:北京市朝阳区百子湾东里 A407 号楼　邮政编码:100124
销售电话:010—67004422　传真:010—87155801
http://www.c-textilep.com
E-mail:faxing@e-textilep.com
中国纺织出版社天猫旗舰店
官方微博 http://www.weibo.com/2119887771
虎彩印艺股份有限公司印刷　各地新华书店经销
2018 年 2 月第 1 版第 1 次印刷
开本:710×1000　1/16　印张:16.75
字数:217 千字　定价:67.00 元

凡购本书,如有缺页、倒页、脱页,由本社图书营销中心调换

前　言

对于一门语言而言,语法研究的是语言结构之间的规律,逻辑研究的是语言思维之间的规律,而修辞研究的则是如何根据特殊需要来有效使用语言,提升语言感染力、增强语言表达效果。修辞是写作过程中不可或缺的环节,其技能只有在写作中才有实用意义,而写作水平的提高在很大程度上依赖修辞的使用,写作是修辞发挥其功能的重要领域。对于中国的英语学习者而言,写作是最令人头疼、最难掌握的一种技能,然而写作同时也是非常重要的语言输出技能,可以有效体现写作者的语言运用能力。如果学习者能够在写作过程中适当使用一些修辞手法,则可以使写出的文章更加出彩,这应该是每一位学习语言的人都希望达到的一种境界。如果学习者自身可以具备一定的实用文体写作能力,那么将十分有助于自己将来在社会上的发展,因为这是当前中国社会快速发展的迫切要求。为此,作者在参阅大量著作文献的基础上,精心策划并撰写了《现代实用文体的写作与修辞探究》一书,从而为促进国内实用文体研究体系的进一步发展以及这方面的人才培养略尽绵力。

本书共有 9 章,可分为理论和实践两个部分。前五章为理论部分,其中第一章首先对实用文体进行概述,如实用文体的内涵、特点、技术规范。第二章对写作进行了概述,涉及写作的内涵和要素、具体过程、写作技巧等。第三章修辞概述主要分析了修辞的概念及运用原则、影响修辞活动的因素、修辞与语法以及逻辑的关系、学习修辞的意义和方法。第四章研究了实用文体写作的理论依据以及写作规律。第五章探讨了写作中的修辞要素,如修辞与写作的关系、各语言要素的修辞、写作与修辞研究的跨语言方法。后四章为实践部分,主要研究了商务文体、旅游文体、法律文体、科技文体的写作及修辞。

本书深入浅出地分析了提升实用文体写作技能所需要掌握的主要知识点和难点,理论全面、内容详实,书中既有理论的讲解,也结合了实践练习,可以有效帮助读者提高自身的实用文体写作能力。

本书由中国医科大学王焱、魏芳著作完成,并由两人共同统稿。在撰写过程中,作者得到了同行学者的鼎力支持,同时也参考、引用了大量相关的著作文献,在此一并表示真挚的谢意。由于时间仓促且作者水平有限,虽然几易其稿但仍不免存在疏漏之处,特恳请广大读者不吝指正。

编 者

2017 年 6 月

目　录

第一章　实用文体概述 ……………………………………… 1
 第一节　实用文体的内涵 …………………………………… 1
 第二节　实用文体的特点 …………………………………… 11
 第三节　实用文体的技术规范 ……………………………… 20

第二章　写作概述 …………………………………………… 24
 第一节　写作的内涵和要素 ………………………………… 24
 第二节　写作的具体过程 …………………………………… 30
 第三节　常见的写作技巧 …………………………………… 36

第三章　修辞概述 …………………………………………… 57
 第一节　修辞的概念及运用原则 …………………………… 57
 第二节　影响修辞活动的因素 ……………………………… 64
 第三节　修辞、语法和逻辑的关系 ………………………… 69
 第四节　学习修辞的意义和方法 …………………………… 76

第四章　实用文体写作的理论探究 ………………………… 84
 第一节　实用文体写作理论依据 …………………………… 84
 第二节　实用文体写作规律探究 …………………………… 107

第五章　写作中的修辞要素 ………………………………… 113
 第一节　修辞与写作的关系 ………………………………… 113
 第二节　各语言要素的修辞 ………………………………… 116

第三节　写作与修辞研究的跨语言方法 …………… 142

第六章　商务文体的写作与修辞 ………………………… 144
　　第一节　商务文体概述 ……………………………… 144
　　第二节　商务文体的写作 …………………………… 150
　　第三节　商务文体的修辞 …………………………… 155

第七章　旅游文体的写作及修辞 ………………………… 166
　　第一节　旅游文体概述 ……………………………… 166
　　第二节　旅游文体的写作 …………………………… 176
　　第三节　旅游文体的修辞 …………………………… 186

第八章　法律文体的写作及修辞 ………………………… 193
　　第一节　法律文体简述 ……………………………… 193
　　第二节　法律文体的写作 …………………………… 205
　　第三节　法律文体的修辞 …………………………… 217

第九章　科技文体的写作及修辞 ………………………… 224
　　第一节　科技文体简述 ……………………………… 224
　　第二节　科技文体的写作 …………………………… 228
　　第三节　科技文体的修辞 …………………………… 248

参考文献 ………………………………………………… 255

第一章 实用文体概述

所谓实用文体,是指在人类的生产、生活中实际运用的一种文体材料,是人们日常学习、工作与生活中需要处理私事、办理公务时使用的文体。由于国际化之间交往日益紧密,我国越来越多地参与到国际合作与竞争之中,这也就使得英语实用文体的适用范围越来越广泛。无论是为了信息传递还是思想交流,或者是联系工作、介绍经验,都离不开实用文体的参与。本章作为第一章,就实用文体的相关问题展开分析,只有清楚地了解了实用文体的基本内容,才能更好地开展实用文体写作与修辞研究。

第一节 实用文体的内涵

如前所述,实用文体是人们日常生活中的一种常用文体,其实际上是处于具体工作中的具体问题或信息传播以及其他交际活动中运用的一定格式的文体的总称。下面就先从文体的基本内容展开分析,进而探究实用文体的特征与价值。

一、文体的内涵

(一)关于文体的各种观点

英语中 Style 一词源于拉丁词汇 stilus。1991 年,《牛津英语词典》(*The Oxford English Dictionary*)中对 Style 一词解释

如下：

An instrument made of metal, bone, etc., having one end sharp-pointed for incising letters on a wax tablet, and the other flat and broad for smoothing the tablet and erasing what is written.

从上述定义中不难发现，Style一词的本义是指古人用于在蜡板上写字用的骨头制作而成的笔或者金属。随着时间的发展，Style一词的词义在不断扩展，甚至在《牛津英汉词典》中曾经在该词下面列出了26个义项，但是人们对其中与语言应用相关的解释也是理解不一的。

有人将Style的意思理解为"风格"，其不仅可以具体指代一个作家运用语言的特点，还可以用于指代该词在某一时代得以盛行的文体风格；该词既可以表现一种语篇体裁的特征，还可以将某些作品的表现风格与语言格调呈现出来。

有人将Style一词解释为"文体"，但是文体既可以从广义上理解，又可以从狭义上理解。从广义上说，文体包含文学文体在内的各种语言变体，而从狭义上说，文体就是指代的文学文体。由于Style一词具有非常丰富的含义，对这一学问的研究被称为"文体学"，但是人们对于"文体学"的研究往往众说纷纭。文体学存在的主要问题就是"文体"这一词本身的问题，因为没有被人们广泛接受的定义。关键的问题在于，人们还没有认真地分析现存的种种看法，进而找出解决的技巧。这样造成的结果就是，一个文体学家可能会对"文体"一词持有两种甚至多种不同的看法。

一般来说，常见的关于"文体"一词的看法主要有以下几种。

1."表达方式说"

利奇与肖特（Leech & Short）将文体视为"语言应用的一种方式，其并不属于一种语言，而是属于一种言语"。❶

---

❶ Leech, G.N. & M.H.Short. *Style in Fiction*[M].London: Longman,1981:28.

恩奎斯特等人（Enkvist et al.）认为文体就是"运用有效的方法将恰当的事情呈现出来"。❶

此外，一些学者还认为在同一语言中，虽然两种话语表达的信息大体相同。但如果其语言结构存在差异，它们就被认为是不同的文体。可见，这些都是从表达方式层面上来定义的。

2."外衣说"

持有"外衣说"的学者将文体视为"思想的外衣"。这种看法在18世纪的英国非常盛行。

约翰逊（Samuel Johnson）曾经指出，"语言是思想的外衣。"❷在此基础上，切斯特菲尔德（Philip Dormer Stanhope Chesterfield）明确指出，"文体是思想之外衣"。❸

之后，一些文体学家也提出过类似的一些说法，并指出文体就是富有情感性、表达性的一些语言成分，这些语言成分往往置于对信息所做出的中性表达上。

3."行为方式说"

持有"行为方式说"的学者将文体视为某个人的行为方式。

1753年，法国著名的博物学家乔治斯-路易斯·雷克勒，孔德·德·布丰（Georges-Louis Leclerc de Comte de Buffon）发表了一篇"论文体"的演讲，并在该演讲中提出了"文体即其人本身"这样的论断，并且该论断被后人认可。

理查德·罗曼（Richard Ohmann）认为，"文体的概念应该被用来指代那些部分不可变的、部分又是可变的人类行为。"❹很明显，罗曼也将文体视为一种人类行为。其中涉及的"不可变的行

---

❶ Enkvist et al. *Linguistics and Style* [M]. Oxford: Oxford University Press, 1964: 11—12.
❷ 转引自秦秀白. 英语语体和文体要略 [M]. 上海: 上海外语教育出版社, 2001: 2.
❸ 同上.
❹ Qto. Freeman, D.C. *Linguistics and Literary Style* [M]. New York: Holt, Rinehart & Winston, Inc., 1970: 263.

为"是指按照某种规则来做事;而"可变行为"是指某个人可以对行为方式进行自由选择的行为方式。因此,更深层次上来说,罗曼认为文体就是做某事的一种方式。如果从写作角度上来说,可以认为文体就是写作的一种行为方式。

4."选择说"

持有"选择说"的学者认为文体特征主要体现在对不同表达形式的选择上。这一看法是非常普遍的。

G.W.特纳(G.W.Turner)认为,"对文体的各种理解中,其必然包含一个基本的要素,即'选择'。"❶很明显,特纳将文体特征视为一种选择,但是选择什么样的文体风格,往往需要受到语境的限制。

很多学者都支持这一观点,在他们看来,人们无论是使用口语还是书面语时,总会存在一种选择倾向,从语言中能提供的各种结构中进行选择。而我们之前说的文体风格就是选择的结果。

5."社会情境制约说"

众所周知,语言的运用与社会情境有着密切的关系。交际的内容、交际双方之间的关系、交际选择的形式等都会对语言的运用、语言成分的选择起着重要的制约作用。这就使得语言在运用中必然会产生不同的语言变体,且每一种语言变体都会有着特殊的文体特征。因此,文体学的一大任务就是对语言在社会情境中的各种变体进行分析和描写。我们熟知的"广告文体""新闻文体""文学文体""法律文体"等都属于语言的功能变体。

6."语言成分排列说"

持有"语言成分排列说"的学者认为文体特征主要体现在"集合特点的综合"以及"超出句子之外的语言单位与语言单位的关

---

❶ Turner,G.W.*Stylistics*[M].England:Penguin Books Ltd.,1973:21.

系上"。

对此,费尔曼(Freeman)认为,"文体就是篇章结构模式的重复聚合或者出现。"❶

从语言成分的视角对文体特征进行考察是从布拉格学派开始的。著名学者雅各布逊(Jakobson)在对语言的诗学功能进行分析和讨论时,曾说"语言的诗学功能是将等价选择从选择轴向组合轴投射的过程"。❷

很多学者是同意雅各布逊的这一观点的,并从他的观点出发,对语言的成分排列与组合关系进行研究和分析,尤其是其在文学作品上呈现的语言特征问题。

7."偏离说"

持有这一观点的学者认为文体是"对常规现象的一种偏离"。但是,这种对常规的偏离会导致"前景化"的产生。简单来说,就是对语音、词汇、语法、语义、书写形式等常规的偏离,会导致语言产生质的偏离。语言的某种成分出现的频率往往会不同寻常,甚至会构成量的偏离。如果将整个语言的运用情况视为常规的标准,或者说某一作品中的某一段落或者篇章中可以概括出某些相对的常规,如果其他部分或者某些部分对这一常规标准或者相对常规进行违背,那么就被认为是一种偏离情况。在西方文体研究中,"偏离说"是最为盛行的一门学说。

对什么是文体以及文体特征的理解,当然不能仅仅靠上述几个简单的定义。产生这些不同定义和说法的原因有很多,往往会与语文学、语言学等密切相关,也会涉及文论界不同学派的问题、文学研究的"一元论""二元论""多元论"问题等。因此,就目前来说,很难达成一个一致的意见。

---

❶ Freeman,D.C.*Linguistics and Literary Style*[M].New York:Holt,Rinehart & Winston,Inc.,1970:4.

❷ Qto.Sebeok,T.A.*Style in Language*[M].Cambridge,Massachusetts:The M.I.T.Press,1960:358.

(二)文体的类型

对文体进行分类,不仅仅需要考虑形式,还需要考虑内容。如果将文体视为文章的体裁,那么就被认为是文章的表现形式,因此可以认为文体主要依据的是文体形式。但是,内容与形式往往密切相关。在文章写作中,无论是任何体裁,都需要将内容、性质等考虑在内。

另外,在进行文体分类时还需要遵守一定的分类原则,具体而言,主要有如下四点原则。

(1)内容决定体裁。内容决定着形式,而形式是内容的表现。这不仅属于哲学原则,还是一种写作的规律。体裁属于文章形式的范畴,因此文章内容也对文章的体裁起着决定性的作用,而文章的体裁也对文章内容起决定性作用。文章的内容就是文章的题材。例如,当人们对某一事件进行评论、判断时,就是属于议论文的体裁。

(2)体裁体现表达技巧。同一体裁的文章,在写作形式、表达技巧上都存在着很多共同规律。例如,小说往往多使用叙述、描写的表达方式,通过艺术对人物形象进行鲜明的塑造,将故事情节完整的编制出来,并对具体的环境进行描绘,也不会受其他时空的限制,往往是对现实生活比较自由的反映。这些在艺术上的规律、写作上的特点正是小说这种体裁的追求。

(3)分类要包举、对等、正确。叶圣陶在《作文论》中曾经说过,"包举是要所分各类能够包含事物的全部分,没有遗漏;对等是要所分各类性质上彼此平等,决不以此涵彼;正确是要所分各类有互排性,决不能彼此含混。"就叶先生的这一观点,很多学者将其视为文体分类的原则。如果文体的类别之间交叉、混淆,那么很明显是不科学的分类。但是,由于文章往往具有复杂性,因此要实现完全包举、对等、正确是很难的,因此只能说文体分类要努力实现这一点。

(4)分类标准要本质性、统一性、相对性。所谓分类标准的本质性,是指文体的划分标准应该是某一类文体区分其他文体的本质特征,而依照这一标准进行划分应该将该类文体的共同性质体现出来。所谓分类标准的统一性,是指虽然文体的分类往往需要进行多次的划分,但是每一次划分都只能参照一个标准。所谓分类标准的相对性,可以理解为两层含义:一是随着文体的发展和演变,加上文章与科学、实用技术的交叉渗透等,一些边缘文体应运而生,因此文体之间存在交叉是在所难免的;二是人们至今还没有找到能够规避交叉的方法,因此无论是分类本身还是对分类标准的界定,都并不是绝对的,而是相对的。

以上四大原则是一个整个的体系,虽然在文体划分中很难面面俱到,但是必须将这些原则考虑进去,只有这样才能保证分类的合理与科学。根据审视的角度不同,文体有如下几种分类方法。

1. 二分法

二分法是根据文章是否具有文学性来进行划分的,将文体分为实用文体(又称"非文学类")与文学文体(又称"文学类")两大类别。这种分类方法往往是较为科学的,并且被很多学者认可。

2. 三分法

裴显生在《写作学新稿》(1987)中提出了三分法,将文体分为文学类、实用类以及介于两者之间的边缘类。其中,边缘类文体同时具有实用类文体与文学类文体的特征,既可以单独作为一个类别,还可以被认为是前两者的某一种。

3. 四分法

在《浅谈文章的分类》中,龙泽巨以文章在内容、方式以及作用等方面的差别为标准,将文体分为记叙文、应用文、论说文、文学作品。需要注意的是,由于在实践中并非三个标准并用,因此这四种类别常常彼此包涵。在《体裁分类刍议》中,王正春以表现方式为标准,将文体分为说明文、记叙文、议论文、应用文。尽管这种分类有所创新,却没有将文学类文体放在合理的位置。

4.五分法

在《普通写作学》中,董甘味将文体划分为文学类、说明类、议论类、实用类、新闻类等五个类别。这种分类将一切文体包含在内,对于教学与研究来说具有积极的作用。但是,由于其标准并不统一、明确,因此其中不乏交叉现象。

二、实用文体的类型

我国著名学者刘宓庆基于实用文体的构成提出了自己的见解,根据其观点,实用文体内容庞杂,主要涉及如下几种:(1)新闻报刊文体;(2)论述文体;(3)公文文体;(4)描述及叙述文体;(5)科技文体;(6)实用文体。其中,实用文体并非一种统一的文本类型,其体式驳杂,凡公函、书信、通知、请柬、启事、通告、海报、广告、单据、契约、合同以及迎送辞、协议书、备忘录、商品说明书等都属于实用文体的范畴。

根据方梦之、毛忠明的观点,实用文体具体包括除文学以及纯理论文本以外的人们经常接触和实际应用的各类文字,涉及生产领域、社会生活以及对外宣传等各方面。实用文体的具体类别有科技、经贸、新闻、法律、旅游、广告、政论等。实用文体的文章体裁在社会生活中应用广泛并且具有很强的实用性。

根据我国学者王方路的观点,实用文体的构成要素有以下几种:(1)财经(经贸、外贸)类;(2)法律类;(3)医学类;(4)广告类;合同类;(5)旅游类。

(一)公务文书

公务文书主要是以行政公文为主。行政公文是指国务院2000年8月24日颁布的《国家行政机关公文处理办法》中列出的

13种公文中的部分文种,包含通报、批复、请示、通知、报告、会议记录等。

(二)事务文书

事务文书是机关、团体、企事业单位在处理日常事务时用来信息沟通、得失总结、工作安排、问题研究等的实用文体,它是实用文体翻译与写作中的重要组成部分。事务文书主要包含总结、计划、演讲稿、调查报告等。

(三)传播文书

传播文书是以信息传递、各种宣传手段为媒介的一种实用文体。它对于信息发布者而言,其主要目的是为了让公众知晓并能够给公众留下深刻的印象;对于公众而言,它有助于有用信息的获取。传播文书主要包含消息、通讯等内容。

(四)社交文书

社交文书在社交场合使用的最为广泛,它的种类也十分繁多,包含祝贺信、申请书、求职信、证明信、吊唁信、慰问信、介绍信、感谢信、推荐信等。社交文书的准确、恰当、得体有助于我们进行有效的沟通,交流情感,从而提升我们的形象。

(五)科技文书

科技文书是用于学术研究、科学技术、科技管理等方面的一种实用文体。其主要包含科技实验报告、园林规划设计方案、计算机科技论文写作、专利申请书、机械设计任务书、科技论文写作、科技报告等。

(六)财经文书

财经文书是随着经济活动的不断发展而形成和发展的,它是一种具有惯用格式的应用文体。它主要包含经济广告、投标书、资产评估报告、审计报告、经济合同、经济活动分析报告、商品说明书、财务分析报告等。

三、实用文体的价值

实用文体由于其具有明显的实用性,因此其在人们的日常生活中也有着重大意义。具体而言,主要体现在能够为人类提供信息、对读者具有劝导性这两项重要价值上,下面分别予以说明。

(一)为人类提供信息

实用文体的基本功能使其承载着丰富的信息,如传达旨意、叙事明理、立法布道等。例如:

Extra privacy could be obtained by engaging a "drawing-room" at the end of the car, which would accommodate up to three, but at a higher supplement. In these cars it was also necessary to use common wash-rooms at the car end.

车厢尽头有一个特等卧室,具有很好的私密性,内可容纳三人,但要额外收较高的费用。这类车厢的两头还设有公用洗手间,供旅客使用。

上例是一则旅游信息。其为顾客提供了车厢内的具体信息,既包含了隐私性、容纳量、费用问题,还包含了公共洗手间等必须品,便于顾客了解和明确。

(二)对读者具有劝导性

实用文体写作的目的主要是为了让人们阅读,让读者相信和接受其中的内容和观点。因此,实用文体又呈现了劝导性的价值。对于实用文体的劝导性,在旅游文本、广告文本中体现得尤为明显。例如:

A world of comfort—Japan Airlines
充满舒适与温馨的世界——日本航空公司

上例属于一则广告。该广告为读者呈现一种美好的意境,如充满舒适、温馨的世界,让读者愿意去这个地方,也能够激发读者采取具体的行动,搭乘该航空公司的航班。

通过上面这个例子可以看出,劝导读者接受某种观点、某种产品或服务是实用文体的一个突出特点,为此,实用文体中经常使用比喻、夸张、押韵等修辞格,以增强语言感染力,实现劝导消费的目的。

第二节　实用文体的特点

实用文体通常以"实用"为显著特点,除了其实用性外,在体式、表达、内容等方面也呈现鲜明的特色。本节就对实用文体的一些特征进行具体分析。

一、实用性强

所谓实用文体的实用性,是指实用文体在针对公共事务或私人事务进行处理的过程中所展现出的实际应用价值。其实用性又具体体现在内容的现实性和时效性这两大方面。

实用文体的时效性具体指的是一些实用类文体的文章受时间的限制和约束,超过特殊规定的时间期限,文章就会失去其应有的实用价值。

实用文体的现实性具体指的是这类文体讲究"实用",文章内容应直面现实问题。首先,应明确地摆出问题,然后紧接着提出解决问题的具体意见、措施或者办法。

二、体式规范

实用文体在体式层面还呈现出明显的规范性特点。具体来说,体式的规范性就是要求实用文体应根据不同的目的而选用不同的文体体式,并与不同的体式要求相适应。这一特点又具体体现在以下两个方面。

(一)文种的规范性

文种的规范性具体指的是依据目的的不同而选用不同类别的文种。例如,表1-1是书信、条据和合同的文体结构规范。

表1-1 不同文体的结构规范

文体种类	组成部分
书信	(1)条据名称 (2)条据内容 (3)经手人姓名 (4)出具条据日期
条据	(1)称呼 (2)正文 (3)问候语 (4)写信人姓名 (5)日期
合同	(1)标题 (2)双方单位名称(注明甲、乙方) (3)签订合同目的 (4)双方议定的条件(双方的权利和义务以及违约责任) (5)合同份数 (6)分发情况 (7)签订合同双方的单位名称及代表与见证单位名称及代表签名盖章 (8)签订合同日期

从文种的规范性上来看,实用文体的语言包括庄重体、正式体、商洽体、随意体、亲密体这五种语体。例如:

Dear Helen,

　　It's been a few months since I last heard from you. I wonder if you have received the letter and the parcel I sent you last month. The parcel contained several articles you might be interested in. Please let me know whether you have received it or not.

Paul has found a new job in a computer company. We are thinking about moving into a bigger house since the present one seems a bit too crowded.

Please remember us to all our old friends. Best wishes to you all.

With love,
Linda

这封信函非常简短，且目的主要是向 Helen 传递信息，并没有附加一些多余的话语。首先，信函表达了对很长时间未收到 Helen 的音讯而倍感思念，接着就询问 Helen 是否收到她寄去的包裹，并表达了希望其回复的期盼之情，然后告诉 Helen 自己的情况，最后是问候性套语。很明显，其在体式上体现了规范性，内容涉及了称谓、信函主体、问候敬语及落款签名这些文种规范的内容。

（二）格式的规范性

格式的规范性具体指的是不同文种有不同的格式规范和要求，不能发生随意的变化或更换。例如，一则新闻通常包括三个部分：标题、导语、正文。标题实际上就是一篇新闻报道的题目，是对新闻主要内容的提炼和概括。新闻标题可以是完整句，可以是省略句，也可以是一个名词短语。在时态的使用上，它既可以使用现在时态，也可以使用过去或将来时态。它可以诙谐幽默，也可以庄严肃穆；它可以一针见血，也可以制造悬念。它是引导人们阅读或收听、收看消息的"向导"，是吸引受众注意的点睛之笔，也是新闻必不可少的组成部分。导语是一篇新闻报导的开头部分，它基本上概括了全篇新闻的内容，是新闻的精髓，甚至可以直接作为一则浓缩的微型新闻。导语概括出来的要点，勾勒出来的大体轮廓，都为消息主体的写作确定了基调，起着至关重要的作用。新闻导语是体现新闻价值的重要部分，同时更是一篇报道是否能吸引读者,获得成功的关键。按照新闻报道的要求,导语应尽可能回答五个"W"和一个"H",即导语的六大基本要素——who(何人),what(何事),when(何时),where(何地),why(为何)以及how(如何)。导语必须做到既言简意赅,又能提供信息,这才能称得上是一则好的导语。新闻正文通过具体的细节和事实来叙述整个新闻报道事件的过程,它是整篇新闻报道的主干,位于新闻导语之后。新闻正文主要由所要报道的事实组成,一篇精彩的新闻要有一个丰满的、文字讲究的主干,才能算作合格的新闻消息。正文必须紧扣导语,不能偏离导语,这是写作正文的原则。在新闻正文的叙述顺序上,应该按照所述事实的重要程度依次补充细节内容,即应该把最重要、最精彩的部分放在文章的开头,而将次重要和不重要的部分放在后面,也可以按照事实发生的时间顺序进行报道。以上简要了解了一篇新闻的结构,下面来看一则新闻的具体范例。

(标题)Ship Captain Cites Currents in Crash

By Anthee Carassava

导语:

Athens April 8—The captain of a cruise ship that slammed into a volcanic reef before sinking off the Aegean island of Santorini blamed strong sea currents for the accident, Greece's state-run television said Sunday.

正文:

The 1,156 passengers, most of them Americans, and the 391 crew members were forced to evacuate the listing liner, which sank 15 hours after the accident on Thursday. A pair of French tourists have been missing since then.

"I felt the ship, which had been on a normal course, slip to the right because of the sea currents" state-run NET television quoted the captain as saying in the deposition in the long session before a public prosecutor. "I gave the order for a full turn left,

But there was not enough time for the ship to respond." The captain's name has not been released, and the television station did not explain how it obtained the deposition comments.

On Saturday, the captain and five other officers of the 489-foot-long Sea Diamond were indicted on charges of causing a shipwreck through negligence, breaching international shipping safety regulations and polluting the environment.

All were released pending further investigation, but judicial officials said their indictments would eventually encompass charges relating to the disappearance of the two French passengers, a 45-year-old father and his teenage daughter, who are presumed dead.

If convicted, the officers each face a maximum five-year sentence.

The Greek-flagged cruise ship rammed a well-marked and charted reef in fair weather on Thursday, inside Santorin's sea-filled crater.

Louise Cruise Lines, the Cypriot firm that runs the ship, insisted that the Sea Diamond was equipped with all the latest navigation technology.

While all other passengers were retrieved safely, several tourists complained of insufficient supplies of life vests, little guidance from crew members and a delayed, four-hour evacuation process that forced some passengers to climb down rope ladders.

Greek authorities have vowed to come down hard on those found accountable.

"Greece is a major tourist destination, and incidents like these must not be allowed to occur," said Tourism Minister Fanny Palli Petralia.

船长称触礁系水流造成

雅典4月8日电(记者安西·卡拉萨瓦)——据希腊一家国营电视台星期日报道,触火山暗礁的游轮船长称,沉船事故是由海上强急流造成的。这艘船触礁后在爱琴海桑托林岛附近沉没。

船上共有1156名乘客,其中大部分是美国人,另外还有391名船员。这些人被迫撤离倾斜的游轮。该游轮在发生事故15个小时后沉没。有两名法国游客自此失踪。希腊国家电视台NET援引船长在一位公诉人面前接受长时间询问时所作的庭外证言说:"我当时感到由于海流作用船向右侧滑去。在这之前船一直在正常航线上。"他说:"我发出了左满舵口令。但船已经来不及做出反应。"船长的名字没有公布。电视台没有说明如何获得上述证言。

星期六,船身长达489英尺的"海洋钻石"号游轮的船长和高级船员受到起诉,罪名是因过失造成船舶失事、违反国际航运安全规则以及污染环境。

以上人员已全部获释,等待进一步调查,但司法官员称,对其起诉的罪名最终将包括两名法国乘客失踪之事,一名是45岁的父亲,一名是他十几岁的女儿。据信两人已死亡。如果判决有罪,以上高级船员每人最高可获5年刑期。

这艘悬挂希腊旗的游轮,星期四在晴好天气状况下在桑托林岛的盛满海水的火山口内撞上了一块标识清楚、海图上注明的暗礁。

营运这艘游轮的塞浦路斯路易斯游轮公司坚称,"海洋钻石"号装备了各种最新的航海技术设施。

虽然其他旅客全部安全获救,有几名游客投诉船上救生衣供应不足,船员几乎没有提供指导,撤离过程迟缓,长达4个小时,迫使一些乘客顺绳梯爬下。

希腊有关部门发誓说,要严惩责任人。希腊旅游部长范尼·帕里·佩特拉里亚称:"希腊是一个重要的旅游目的地,决不允许发生类似事件。"

三、简明得体

实用文体在语言表达方面力求简明得体,应尽量规避使用繁冗赘述的词句。也就是说,实用文体在表达时力求言简意丰,尽量用最少的文字来表达尽可能多的内容。实用文体的这一特点在很大程度上是为了迎合专业人士省事、高效的办事风格,展现了专业人员文字修养水平高、思路清晰、概括能力强等方面的能力和素质。

(一) 表达简明性

为了实现表达简明的效果,实用文体经常借助于使用术语、套语以及正式用词等方式来实现,具体论述如下。

1. 用词比较正式

在多数情况下,实用文体的用词往往具有较高的正式性。为了将文本的庄严性显示出来,实用文体往往会避免使用口语体色彩过浓的词汇。例如:

At present, the requisition of land and the removal for constructions are underway. The prequalification for requesting land and the evaluation of geological hazard, water and soil conservation, and earthquake have been approved. "The initial design" has been ratified by the Development and Reform Commission of Zhejiang Province.

目前,正在进行工程项目的征地、拆迁处理。土地预审和地质灾害评估、水土保持评估、地震评估报告已获批复。工程"初步设计"已通过浙江省发展和改革委员会审查和批复。

通过上述例子分析,underway, approved, ratified 这些形容词或动词的运用都体现了用词的正式,而没有使用 ongoing, replied, permitted 等词。

2.术语和套语使用频繁

术语是由专门的行业协会审核制订,并在该行业内普遍运用的一些词语或概念。各国都会根据标准文件中的规定对一些术语进行审定,因此术语体现了鲜明的行业性,不可以随便使用。例如:

(企业中的)联营体 joint venture(而不是使用 co-operating unit)

投标资格预审 prequalification(而不是使用 investigation of bidding qualification)

泡罩包装机 blister packing machine(而不是使用 foam packing machine)

方箱机 platen press(而不是使用 square box machine)

3.长句与扩展句的使用较多

实用文体的句子长句较多,且结构非常复杂,在很多情况下会出现复合句的形式,即扩展句。例如:

The tenderer should be informed that, if he has delivered, posted or dispatched his tender prior to the formal submission date, he has the right to modify or make corrections to it, provided that any such modifications or corrections are received by the employer/engineer in writing prior to the time specified for submission of tenders.

应通知投标人,只有当面递交、邮寄或以其他方式发送投标书的日期与使雇主/工程师收到投标书书面修改或更正意见的日期,均在投标书规定提交日之前,他才有权对投标书做出修改或更正。

上述是一则投标书的内容。很明显,将该句简化可以处理成 The tenderer should be informed that … provided that … ,两个 that 后引导了两个宾语从句,即 inform 与 provide 的具体的内容,但是第一个 that 后又用 if 引导了条件状语从句。很明显,该例句是句子套句子,是典型的复合形式。

(二)表述得体性

为了实现表述得体的效果,实用文体在语言运用方面通常要求应与行文目的、内容、对象、条件等特定需求相适应,在准确表达的基础上,使受文对象产生与行文目的一致的心理效应。要想做到得体,具体而言有以下三点要求。

(1)同行文的语体风格要相适应。例如,请示类的文章力求恳切、告知类的文章力求简明、商谈类的文章力求委婉。

(2)对行文对象间的关系要明确区分。例如,在雅语、敬语的使用方面把握好分寸。

(3)要注意运用相关专用语。

四、内容真实

实用文体在内容方面具有真实性的特点。也就是说,这类文体文章的内容应以事实为依据,不得虚构或杜撰。要想保证内容的真实性,具体要做到以下两点。

(1)文体内容所涉及的相关数据材料、事实等都应以准确、真实为原则进行表达,应极力规避由于信息失真而导致的不必要的法律责任。

(2)在具体进行语言陈述时应确保思路清晰、含义准确,对字、词、句进行仔细斟酌和反复推敲,善于辨析词义和区别感情色彩。同时,还应依据特定的语言环境,选用恰当的词语,避免使用晦涩难懂的词汇,从而导致歧义迭出、前后矛盾,给理解带来不必要的麻烦。

例如,有人写出一个寻物启事,最后一句写上:
"……本人将不胜感激。"
"……本人将不慎感激。"

"……本人将不甚感激。"

以上的三句话之间虽然只有一字之差,但意思却差别极大。"不胜感激"表示"怎么感激也不过分";"不慎感激"表示"不小心感激了",而"不甚感激"则表示"不怎么感激"。因此,正确的表述应该是"……本人将不胜感激。"

第三节　实用文体的技术规范

在人类社会中,几乎任何形式的认识与实践活动都存在着技术层面的问题,并且受到新技术革命背景的影响,技术的内涵已经得到了延伸和扩展,开始从自然界的调节、控制、改造等方面逐步深入到人类社会的各个不同层面。基于"智能技术"的人化特征这一方面进行考虑,语言、艺术、行政等各领域的事物也开始具备了技术的特质。技术通常都旨在实现"有效"的行动目的,衡量技术的标准通常也是看其是否能够实现有效的功利性这一目的。就实用文体而言,它作为一种用于交际的功能文本,其功利性就体现在指导人们按其规范解决实际问题这一方面。例如,对社会事务的管理,对日常行为的规范以及人际关系的沟通等。这种功利性和目的性在经济类文书、新闻文体、商务类文体中都能够体现出来。因此,从技术的角度对其进行把握不仅顺理成章,而且非常关键和必要。通常,我们可以从以下几个方面对实用文体的技术规范进行探讨:(1)模式;(2)规则;(3)程序等。这几个方面都属于实用文体的技术要素,并且这些技术要素都属于物质生产技术同精神生产技术共存的范畴。

一、模式

实用文体通常都有其固定的模式规范,这类文体在模式上的自由度非常小。它同文学作品模式的自由度存在着天壤之别,文学作品在表达上可以穷其思绪达到"思接千载,心游万仞"的境界,但是实用文体却不然,其在很大程度上取决于其模式这一技术规范。在技术运用的过程中,实用文体有着很强的计划性和目的性。相应地,也就要求在行文操作上遵照严格的技术规约。通常情况下,实用文体的文章是一个体系非常完整的系统,包括以下七项基本要素,具体如表1-2所示。

表1-2 实用文体所涉及的七项基本要素

序号	要素	具体所指
1	事	具体的情况、事由
2	据	凭据和依据
3	释	相关的解释和说明
4	析	具体的分析和辩解
5	断	相关的判断和综合
6	法	具体的方法、技法等
7	形	形状与时态等

表1-2就是实用文体文章的一些最基本的要素,但是各类文体在其具体运用的过程中,也通常会根据实际情况采取相应的文章建构模式。例如,在做工作计划时,经常采取的是"为何做—做什么—怎么做"这一基本的文章建构模式;在做工作总结时,经常采取的是"做法—成绩—经验"这一基本的文章建构模式。再如,一些文种的标题通常是由"时间+单位/范围+事由/对象+文种"这些要素构成的,因此需要采用公文类型的标题。当然,也有的需要在其中酌情减少一到两个要素,这是在所难免的。其实,实用文体的这种技术规范可以说是对这类文体在行文、格式等层面的一种宏观的控制,同时这种模式还借助于各个相关要素对其行文表述进行微观的约束。

二、规则

所谓规则,是指按照固定顺序采取一系列的行动来实现既定目标的一种说明。如果没有标准化的规则,在具体行动中的程序非常容易被打乱。规则也是实用文体一项非常重要的技术规范。实用文体的技术规则通常具有强制性的特点。实用文体如果没有强制性的规则做保障,其所起到的宏观层面的调控作用和微观层面的约束作用也就大大降低了,目的的实现也会受到相应影响。具体而言,在运用规则对实用文体起到相应技术规范的同时,这些规则本身还存在着"相对标准"和"绝对标准"的区别,并且这两种规则所针对的对象存在着明显的不同。

"相对标准"通常是对实用文体的格式来说的,更进一步说,就是实用文体通常应遵循相应的程式,但是这些程式可以发生相应的增减或移动,不是绝对不能变的。"绝对标准"则通常是针对实用文体的表述来说的。具体而言,实用文体的表述不仅应与语体规范相符合,而且要遵循与之相关的标点、数字、图表、符号等的具体使用规则。通常这类规则是按照国家的标准形式规定的,具有强制性相对比较强的特点,因而需要严格遵守。

三、程序

技术规范在具体进行运用时通常需要遵循相应的逻辑顺序,并且一些很重要的环节具有"不可逆性"。这种"不可逆"的特点要求技术的相关操作者必须要严格按照程序来办事。如果程序上出现了混乱,就极有可能导致结果的差池甚至会达不到相应的结果,后果也难以想象。实用文体在行文表述过程中也应严格遵照一定的程序这一技术范式,特别是在安排正文"主体"部分内容方面,应展现出鲜明的逻辑程序。例如,就"市场预测报告"而言,其主体部分通常应遵照的基本程序具体如下。

(1)对市场现状进行分析。

(2)对市场趋势进行预测。

(3)针对具体情况提出相应的建议。

再如,"工作研究"这一类型的实用文体通常应遵循"情况—原因—措施"这一基本情绪;也可以按照"成因—危害—对策"这一基本程序。

上述的这些程序中各部分的先后顺序通常都是固定的,不能进行随意的调整。究其主要原因,主要在于各部分间的必要条件和严密的逻辑关系。也就是说,前一项程序是后一项程序的基础和理论的出发点,如果没有前一程序扎实、到位的具体分析和阐述,后面的结论和可行性措施也就没有根基。虽然有时是按照条纹式的结构对文章进行布局,在各个条目和文章的意旨之间以及条目同项目之间都存在着一种从属关系。条目和条目间也存在着一种不相容的并列关系或者先后的主次关系。因此,实用文体通常都应严格遵照这些程度的技术规范,理清这些条目项目间的关系,并严格按照这些逻辑关系对内容、程序等进行组织,否则就会让人感觉逻辑混乱、不知所云,也很难实现相应的功用和效果。

第二章　写作概述

写作是运用书面文字表达思想并与潜在读者进行交流的重要方式。写作是一个思维过程，一种言语交流，是多种语言能力的综合反映，能够充分体现出写作者的组织能力、逻辑思维能力以及各个层次的语言运用能力，包括词汇和语法、语篇能力和语用能力，同时还可测量语言使用的准确性、流利性和合适性。本章将围绕写作的相关内容展开论述。

第一节　写作的内涵与要素

一、写作的内涵

（一）"写"与"作"

1."写"

"写"在《说文解字》中的解释是："写置物也。谓去此注彼也。曲礼曰：器之溉者不写，其余皆写。注云：写者，传己器中乃食之也。小雅曰：我心写兮。传云：输写其心也。按凡倾吐曰写，故作字作画皆曰写。俗作泻者，写之俗字也。周礼以浍写水，不作泻。从宀。写之则安矣，故从宀。"（许慎，1981）因此，可以发现，最初的"写"包含两层意思。

一是主体有强烈的传递信息的愿望,把胸中块垒(信息)转移到另外一个地方,即"去此注彼也"。

二是对客观世界的主体化加工,此所谓"传之器中乃食之也"。

"倾吐曰写""输写其心"便包含了这两层意思。而"作字作画皆曰写"则说明写作历史的久远,写作与绘画同源。文字学家和考古学家们都曾证明:"世界各国的文字,虽然五花八门,种类繁多,但是追溯它们的先祖,却都是从原始的图画和记号演变而来的。"[1]

2."作"

《说文解字》对"作"的解释是:"作,起也。秦风无衣传曰:作,起也。释言谷梁传曰:作,为也。鲁颂駉传曰:作,始也。周颂天作传曰:作,生也。其义别而略同。别者,所因之文不同,同者,其字义一也。""作"有"生"之义,而"生"则是"进也。像草木生出土上。"显然"作"有创造,生成的意思。那么"作字作画"实际上便是创造、生成"字""画"。每一幅画都是一次创造,所以创造"画"是可以理解的。创造"字"不是指从无到有创造一个新"字",而是可以理解为对文字的创造性使用。让文字在表达的过程中显示出新的张力、生命力和活力。

按照汉语发展的基本规律,"写"和"作"并不是同时产生的,它们分别产生,各有各的意思,而后合并在一起表达一个更完整的意思。从《说文解字》来看,"写"的意义偏重于使用工具转移主体所想,记录、描画、再现主体的精神世界;"作"的意义则偏重于为"写"制定标准,即创造和生成。将二者的意思合并在一起就是:使用书写工具转移,记录、描画、再现主体的精神世界,并创造性地完成转移的工作。

最初的写作不在乎文章的好与坏,而是更加侧重信息的传

---

[1] 李华秀.关于写作本质的思考[J].河北师范大学学报,2008,(2):104.

递,只在乎表达的明白准确。只要实现了将写作者的意图传递出去的目的就完成了写作使命,至于写出的是什么没有人追究。有研究者们提出:"岩画常分布在高山峻岭地势险要之处,画一个图形,有时甚至要冒生命危险,如果不是认为生存所必要,原始人决不会选中这些地方,从事'艺术创作'的。"这样重要的信息只要清楚准确地传递出去,就实现了写的意义。

(二)"写作"的定义

从语言的输入和输出的角度来看,写作与口语一样,都是语言的输出活动,即一种产出性技能(productive skill)。在英语中,"writing"一词的意义既包括写作的过程,也包括写作的结果。好的写作既包括所创造出的完美文章,又包括创造文章的过程。过程的好坏决定着结果的成败。

对于写作的定义,中外学者都提出了各自的观点。

瑞密斯(Raimes)对写作的描述是:写作有为学语言而写作和为写作而写作两种功能。为学语言而写作的目的是使学生通过写作对所学的词汇、词组、语法结构等加深印象。在写作的过程中学生表达自己的观点,动手、动脑的过程就是强化学习,将所学知识应用于交际的过程;写作的技能只能通过学习写作才能获得。

威廉姆斯(Williams)强调,写作是人类传递信息和交流思想的重要方式之一,它不是口语的附属。写作是一个极其复杂的过程,通常要涉及多种技能和知识。

卡纳尔和斯温(Canale & Swain)指出,事实上,写作除了是作者展现其社会语言能力、策略能力和语言能力的过程,还是展示这些能力的结果。

王俊菊(2006)认为,从认知心理的过程来看,写作可被看作是一个有着复杂活动的解决问题的信息加工过程,而不仅仅是视觉上的编写行为和书写的结果。

总而言之,写作是作者用书面语传递信息和交流思想的过程

与结果;其涉及多种技能和知识;还涉及意义的表达与信息加工;写作既是学习运用语言的手段,又是学习运用语言的目的。❶

二、写作的要素

写作过程涉及多种要素,与写作者的词汇储备、写作技巧、思维模式、语法基础等密切相关。

(一)词汇储备

潘绍嶂在《英语修辞与写作》中曾指出,"词汇是写作的基本建筑材料,其作用如同砖瓦石块;语法规则与句型则是比词汇高一级的建筑材料,其作用如同钢筋水泥和大梁。"❷词汇是写作的基本单位,既是理解的关键,也是表达的关键。"巧妇难为无米之炊",词汇是组成语言的基本成分,是构成文章的基本要素,所以词汇对于写作而言至关重要。学生要想使词语拼写正确、句子优美、语篇连贯,首先要掌握足够的词汇量,才能避免拼写错误、词语误用或词不达意等问题。

我国学生的英语写作能力普遍较低。学生在词汇方面的问题主要是词汇量小,拼写错误。部分学生在英语写作中遇到的最大困难就是词汇贫乏,词汇表达出现空缺,对基本词汇记忆不清,对词的用法不能完全掌握,或者出现拼写错误。另外,从词的层次上讲,学生写作时常出现混淆词性、词义把握不准、同义词混用、搭配不合英语表达习惯等问题。例如,"花费很多时间做某事"用英语表达应是"spend much time in …",而不能使用"take much time in …"。在英语中,词与词之间的固定搭配是由历史形成的,有的搭配虽然看起来不符合逻辑,但却是地道的用法。

因此,只有具备了充足、丰富的词汇量,才能读懂、听懂,也才

---

❶ 何广铿.英语教学法教程理论与实践[M].广州:暨南大学出版社,2011:225-226.

❷ 潘绍嶂.英语修辞与写作[M].上海:上海交通大学出版社,1998:78.

有可能为写作提供可理解输入,促进写作能力的提高。

(二)写作技巧

写作技巧是影响文章质量的一大因素。掌握一定的写作技巧无疑对写作者写出一篇高质量的文章而言十分重要。因此,在写作之前应熟悉和掌握英语写作中各个阶段的写作技巧和策略,如在准备阶段能明确话题,确定中心思想,根据写作目的收集与主题相关的信息并整理信息,组织素材和规划文章结构;在拟稿阶段能列提纲,起草文章,增加新观点;在修改阶段能仔细地检查文章中的错误,对文章进行加工润色。

(三)思维模式

思维模式影响着人们语言表达的模式。显然,处于不同文化背景的人们有着不同的思维模式,因此他们在口语和写作中的表达模式也有很大差别。例如,英语国家人们的思维模式直接明了,而中国人的思维模式曲折婉转。因此,英美人士在表达自己的想法、观点时往往直截了当、开门见山,然后对其观点进行佐证。而中国人在表达自己的想法、观点时往往习惯先罗列大量证据、细节,最后得出结论。

由于受到汉语思维习惯的影响,写作者在英语写作中往往想当然的"字对字"地将中文表达直译为英语表达方式。因此,在英语写作过程中,写作者应有意识地进行英汉思维转换,培养英语思维习惯和能力,从而减少英汉思维模式差异对英语写作带来的障碍,使文章更加地道、流畅。

(四)语法基础

英语写作涉及的另一个基本要素是语法规则、句型句式,这一要素对英语写作能力也有重要的影响。就目前的情况来看,我国学生英语作文中的语法错误主要分为以下两大类。

第一类是整体错误。所谓整体错误是指影响某个句子总体组织结构的错误,这使阅读者如入雾里、莫名其妙。整体错误主要包括两种,一是句子连接中缺少关联词。这主要是受到了母语负迁移的影响。二是篇章中的人称代词不一致。中国学生在写英语文章时,往往很容易随意地改变指代叙述者的人称代词,这常会使阅读者感到困扰,影响交流的顺利进行。

第二类是局部错误。所谓局部错误是指在整体结构上并不影响句子意思的表达,但在某些具体的细节方面不符合语法规则的错误。我国学生写作中的语法错误很多都属于这种局部性错误。局部语法错误主要包括过渡推广型错误、规则应用不完整型错误和语法规则不明型错误等。

语法是语言体系的核心。写作者要想写出一篇优秀的英语文章,就必须具有良好的语法基础。

(五)衔接意识

衔接对于一篇文章而言至关重要,它关系到文章的通顺、流畅。衔接意识的缺乏是阻碍学生写作顺利进行的重要因素。因为语篇是由一系列语义连贯的句子和语段构成的语义整体,英语语篇不仅要合乎语法,还要达到语义上的连贯。但是,学生的写作中经常会出现机械堆砌词句、条理不清晰、逻辑不严密、语义不连贯的现象,这都是因为缺乏衔接意识造成的。因此,在写作过程中,写作者要有意识地培养自己的衔接意识。

(六)学习兴趣

兴趣是最好的老师。写作者如果缺乏热情与兴趣,畏难情绪较重,就很难写出好的文章。由于对英语写作缺乏热情与兴趣,许多学生只关注作文分数,不注重对文章的研究分析,长此以往,不利于写作能力的提高。

为了激发写作者对英语写作的兴趣,教师应该遵循以"学生为中心"的教学思想,强调学生在整个教学过程中的中心地位,在教学过程中充分了解学生的兴趣和要求,了解学生在写作过程中的薄弱环节；并结合教学大纲的要求，利用现代化的教学手段，组织、开展内容丰富多彩、形式多样的写作教学活动，使学生满怀热情地参加到英语写作活动中。

第二节 写作的具体过程

写作的过程大致包括准备、拟稿和修改三个阶段。准备阶段确定写作主题，根据写作目的收集相关材料；拟稿阶段列提纲，展开段落；修改阶段关注文章的统一性与连贯性，对文章进行加工润色。

一、准备阶段

写前准备是写作过程中非常重要的阶段，也是最容易被忽视的环节。灵活多样的写前准备活动对于启发思维、拓宽知识范围、丰富文章内容、提高写作能力起着举足轻重的作用。

(一)确定写作主题

在开始写作之前，写作者应当首先确定写作主题，并以此判断写作的格式和文体。写作者应考虑以下问题。[1]

(1)写作目的是解释某种事物或观念？带有此种目的的写作类别称为说明文。

(2)写作意图是为了说服读者同意关于对某事物的看法，并影响其行为？带有此种目的的写作类别称为说服性写作或议论文。

(3)写作目的是记录一次个人经历、个人观察、看法、还是感受？此类描述称为表述性，自传性，或者个人写作。

---

[1] 转引自刘波.专业英语写作的前期准备探索[J].长春教育学院学报,2009(3)：97−98.

(4)写作意图是描述一次经历或是一份实验结果？此类目的的写作称为科技性写作。

以上问题的确定,利于写作者从文体上对写作主题进行把握和限制。写作主题的选择在整个写作中占有重要地位,既不能过窄,也不能太宽。过窄不易找到写作材料,最终导致写作无法顺利完成或者草草收场。但写作主题也不能无限制放宽,这样很容易使主题不好集中,论述起来没有重点,更谈不上深入了。因此,要确定一个合格的写作主题我们可以从以下两个方面来进行把控。

(1)写作主题的选择。将写作主题控制在一个感兴趣的模式,或者擅长的领域。下面以"双语教学"为例,提出几个较合适的主题陈述模式。

行为号召模式：All inner-city schools should set up bilingual programs.

问题解答模式：What can bilingual education accomplish for child? It can lead to academic and personal development.

启发式：Bilingual education has not fulfilled its early promise.

经过对主题的窄化,会更有利于提炼观点,进而有效地组织行文。

(2)确认立场。在动笔写文章之前,尤其是议论文的写作,主题观点的表述一定要明确。写作者要表明自己的观点,否则很难让读者信服。

明确了写作主题和写作方向,这样就可以在写作之前有效地避免写作过程中偏题、跑题的情况了。

(二)评估文章读者

听众或读者是写作效果的有效评价者。读者的背景因国籍、工作职位、兴趣爱好等不同,对写作的评价也会不同。一般来说,英语源文化读者和非英语源文化读者最大的不同是,英语源文化读者更倾向于欣赏直接间接的叙述;而后者更倾向于期待间接表达,欣赏华丽辞藻的运用等语言手段。对于习惯于阅读高超语言技巧的读者来说,运用术语较有吸引力,但对其他读者来说却是冗然乏味的。

因此,作为写作者,必须要考虑潜在读者的身份、背景和知识领域,在一定程度上"投其所好",才能够有效争取写作"认同度",将写作效果"最大化"。

(三)构思

"头脑风暴法"(brainstorming)对打开写作思路有很大帮助。"头脑风暴法"是西方结构主义学说的主要理论之一。瑞密斯(Raimes)认为,拥有一个好主意最好的办法是要有许许多多的主意。头脑风暴恰恰能提供我们写作所需的与主题相关的所有思路。

"头脑风暴法"通过写作联想、组际讨论、头脑风暴,最后产生所有关于主题的思路和想法。具体过程如下。

(1)在开始的写作联想过程中,写作者从主题入手,无须顾及传统写作中所要顾及的诸多限制,对主题进行随意性想象,得出尽可能多的写作思路。

(2)分小组进行讨论协商,将各自联想出的写作思路与组内成员交流分享,集思广益,取长补短。

(3)最后共同删减思路数目,选出一定数量的更准确的思路继续讨论,开拓创新,最终确定自己的写作思路。

"头脑风暴法"有助于培养学生的发散性思维,让学生的思维在集体的碰撞中进一步升华,通过集体的力量在不知不觉中把一个抽象的话题变成了一个具体的可供选择的论题。学生的审题、立意和布局能力都会大幅度提高。

(四)收集材料

收集写作材料,要遵循定向、真实、充分、新颖、阶段性的原则,并要读思结合。

1. 定向原则

确定收集范围,紧紧围绕当前主题,拟定文献收集大纲,明确收集目的、内容、时间界限和文献类别,可以节省时间和精力。

2. 真实原则

收集第一手资料,而不是经过几次转引的资料,以保证资料的准确性。同时,还要把握资料的公正性。

3. 充分原则

首先,收集资料要全面,不要只收集某一类资料。资料系统一般可分为三个层次:基础性资料、前沿性资料和灵感性资料或触发性资料。其次,收集主要材料,而不是次要材料,要抓住要点与特点。最后,不但要收集与写作观点一致的资料,也要收集观点不一致或与自己构思相矛盾的资料。

4. 新颖原则

生活是写作的源泉,除了要从生活中获取写作素材外,还应该着眼于当代热点和焦点,了解最新动态,收集最新资料,出新制胜,写出特色。

5. 阶段性原则

收集资料要紧密结合写作主题,写作是分阶段的,因此收集资料也必须坚持阶段性原则。首先,查阅资料,提炼观点,发现问题。其次,查阅资料,验证观点或主题是否有价值、有无新意、能不能写。再次,收集资料,编写提纲、组织段落。最后,收集资料,修改文章。

6. 读思结合原则

在收集资料时,读思结合,融入自己的思考,作好摘录和笔记,使资料活起来;及时记录,加深记忆效果,否则过后查阅,费时费力。

写作是一个积累的过程,不可能一朝一夕就能有大的改变。写作的前期准备也并不能简单地把以上四个步骤作为标准和模板,还要根据学生的实际情况来做出一定改变。

二、拟稿阶段

拟稿阶段包含列提纲、展开段落、结束文章三个环节。

(一)列提纲

完成构思后,要对文章进行分析,确立文章的主题、有关观点、主题句、支持句等。这就是确立提纲。提纲是写作计划,它能帮助作者除掉不相关的内容,并使内容的安排符合逻辑,也能使作者写得更快,一旦写好提纲,文章便完成了一半。

在确定提纲的过程中,要充分考虑到各论点之间的关系,做到有理有据。以"Watching TV"为例,看电视有好处,也有害处。如果文章着重于看电视的益处,则益处为文章的主题。然后选择有代表性的益处与害处进行对比,增强说服力。

(二)展开段落

首先要确立段落的主题句。主题句是段落的中心思想,起到开宗明义、提纲挈领的作用,所有与主题相关的支持句都围绕主题展开,用来阐明、证实主题句。多数情况下,主题句出现在段首,但也可以出现在段中或段尾。主题句是一个段落中最重要的句子,是段落的"纲"。它的范围太大或太小,都会使作者无法展开段落,必须通过某些限制性词语将内容范围限制在一定程度。因此,主题句应包括主题和限制性词语。主题句也将暗示读者段落可能的展开方向、涉及的内容及作者的思路。

(三)结束文章

文章的结尾和开头同样重要,如果文章的开头和中间写得好,而结尾却非常乏力,就会使整篇文章黯然失色,削弱文章的感染力。

常用于结尾的方法有以下几种。

(1)重申主题。在结尾时用不同的词语,再次阐明文章主题,会使读者有更清楚的印象。

(2)说明结果。文章的结尾在于说明条件和罗列事实时,读者当然希望看到明确的结果。

(3)得出逻辑结论。顺理成章地得出结论,而不是牵强附会,是增强文章说服力的有效手段。

三、修改阶段

(一)统一性

统一性指所写的文章要紧扣主题,写出的句子都必须为中心思想服务,任何与该段中心思想无关或相悖的内容,无论其文字表达多么优美,都应该毫不吝惜地予以删除,以确保该段落及至整个文章的统一性。同时还要注意人称、文体与时态上的一致。

(二)连贯性

连贯性既指句与句之间的联系,又指整个段落的组织。在一个段落中,句子与句子之间有一种自然的逻辑关系,整个段落浑然一体。为达到这一目的,有以下几种方法。

(1)使用代词,并避免随意更换代词。正确使用代词会使读者明确作者的所指且文章不显单调。

(2)重复核心词语。这一方法有助于读者记住文章的中心,更加明确作者的写作意图。

(3)使用过渡性词语。过渡性词语使文章流畅、自然、结构紧凑而不松散,富有逻辑性。

(三)灵活多变的句式

没有词语拼写、语法错误是写作最基本的要求。在此基础上,为增强文章的可读性,就要力求句式灵活多变,如变换使用掉尾句、长短句等。

综上所述,写好一篇文章,不但要有扎实的文字功底,更要有缜密的思维、周密的计划。既要着眼于全局规划,又要重视细节,才能真正写好一篇文章。

第三节 常见的写作技巧

一、词的写作

词是最小的语言单位。一篇好的文章除了内容丰富和组织紧密之外,词的运用是十分重要的。选词是写好文章的基础。

(一)词的选择

1.选择正式用语

英文词汇十分丰富,有将近100万的词汇量。一些源于希腊文、拉丁文和法语中的大长词、大词多用于正式文体中。相反,非正式用语常常有句型简单、文字浅显、语言活泼、通俗易懂等特征。就语言的形式而言,非正式用语则多以短语形式出现。如表2-1所示。

表2-1 正式用语与非正式用语的对比

正式用语	非正式用语	汉译
explode	blow up	爆炸、爆破
investigate	look into	调查、研究

试比较以下两组句子,以体会正式用语与非正式用语的区别。

(1)The boiler **exploded** and a big fire ensued.

锅炉爆炸了,随之而来的就是一场大火。

The guerrilla **blew up** the bridge.

游击队把桥炸毁了。

(2)The police are **investigating** the accident.

警察正在调查这起事故。

We had better **look into** this matter.

我们最好调查一下这件事。

2.慎用同义词语

在英语中很难找到意义和用法完全相同的词。所以,掌握同义词与同义词组之间的差别,选择内涵恰当的词语,对于恰当、得体的表达是非常重要的。

3.避免陈词滥调

由于过度使用而失去应有修辞效果的表达方式就是修辞学上所说的陈词滥调。陈词滥调的使用难以给人耳目一新的感觉。因此,在写作中要慎用陈词滥调。

(二)词的使用

1.代词的使用

(1)指代要明确

在英语写作中,为了避免不必要的重复,经常使用代词。但是,代词的使用不是毫无限制的,在某些情况下应避免使用,如当一个代词在语法上可以指代两个或两个以上的先行词时;当代词只有暗指的或根本就没有先行词时。使用代词时,注意所用的代词一定要明确地指代一个先行词。否则,就会出现指代不明。主

要是指代词与被指代的人或物关系不清,或者先后所用的代词不一致。例如:

原句:I'm going to the lecture on modern Chinese drama, because he is a dramatist I like.

修改后:I'm going to the lecture on modern Chinese drama, because the speaker is a dramatist I like.

上述两个句子中,原句中还未出现所要替代的名词,就使用了 he,he 没有可指代的先行词,所以表达含糊不清。若改为 the speaker,句子表达会更加明确。

(2)it 的使用

it 在英语中是一个相当活跃的代词,常出现在英语写作中。以下几种 it 的用法应该熟练掌握,并能灵活运用。

第一种:it 作形式主语。例如:

It is necessary for us to master a foreign language skillfully. It makes difference whether we could purify the air or not.

第二种:it 作形式宾语。例如:

We find it rather difficult to prevent people from doing that. Modern science has made it possible for babies to grow healthily and for people to live longer.

第三种:it 引导强调句。例如:

It is only by this way that we can achieve success. It was then that people began to realize the importance of controlling population.

(3)"I"文章

在英语写作中,在以第一人称进行表达时,要避免全篇使用"I",这种缺乏灵活变化的表达会使句子显得僵硬。例如:

One thing in particular I remember made me feel grateful toward my mother was that one day I went and asked her for my own garden, and she let me have my own little plot. I love it and took care of it well. I loved especially to grow peas. I was proud when we had them on our table…

2.连接词的使用

如果一篇文章反复使用简单句,就会使文章成为简单句的堆砌。但是,如果在写复杂句时多使用 so,and,then,but,or,however,yet 等简单的连接词,也达不到丰富表达方式的目的,还会使句子结构松散、呆板。而使用一些连接词,尤其是一些表示从属关系的连接词,如 who,which,that,because,since,although,after,as,before,when,whenever,if,unless,as if 等,不仅能够丰富句型,而且还能够把思想表达得更清楚,意义更连贯。

二、句子的写作

(一)句式多样化

句式多样化,是指不同结构、不同类型、不同长短的句子交替使用。不同的思想内容要用不同的句式来表达;而同一思想内容也可以用不同的句式来表达。句式不同,表达效果也就不同。只有句式多样化,文章才会生动有趣,充满活力。

1.句子的开头多样化

在一般人的写作中,以主语开头的句子占句子总数的一半。但是,如果一长串全是以主语开头的句子连着一起,就会显得呆板、单调、乏味。而英语是一种句型结构灵活多变的语言。因此,在英语写作中,句子的开头可以有多样化的方式。

(1)用主语开头。以 People,We,I,He,They,She 这些词来开头的现象繁多,不会使人厌倦。例如:

People throughout the country have greatly demanded all kinds of nutritious food.

(2)用宾语开头。例如:

My advice you would not listen to; my helps you laughed at. Now you will have what you asked for.

(3)用表语开头。例如：

Equally essential to the highest success in learning a language are intense interest plus persistent effort.

(4)用状语开头。例如：

Dark and empty, the house looked very different from the way I remembered it.

(5)以短语修饰语开头。这种形式的开头方式具有以下三种。

第一种：以分词短语开头，如"Concerned about his son's fever, Paul called a doctor."。

第二种：以介词短语开头，如"From the moment we stepped into the People's Republic of China, care and kindness surrounded us on every side."。

第三种：以不定式短语开头，如"To protect her hair, Eva uses the lowest setting on her blow dryer."。

(6)用同位语开头。例如：

Air, water and oxygen, everything that is necessary for life.

(7)用副词开头。例如：

Shrewd and powerful, he had enormous influence upon the kings of Trance.

2.长短句交插

写作中的句子可长可短，对于同一件事，可以采用不同的句式表达。段落中的各个语句在长度上应该有一定变换，要做到以简单句为基础，配合适当的并列句和复杂句来写文章。简单句可以是长句，一般要加上一些附属成分，如分词短语、介词短语、副词短语、不定式动词短语等。也可以是短句，需要节缩成分等。

短句精练、简洁、明快、有力、强调效果强，但是在写作中，如果使用过多的短句,段落就会显得单调,结构零散、内容浅薄。因此,就需要用到长句。长句中定语、状语以及一些其他修饰成分较多,限制了概念的外延,增大了概念的内涵,所以比较精确、严密,但使用起来不够活泼简便。在写作中,以保持文章原意为前提,适当插入一些短句,做到长短句交替使用,能够增加文章的节奏感。例如:

(1) Just imagine the beautiful surroundings if we make our cities greener. (2) Green trees line the streets. (3) A clean river winds through the city, in which a lot of fishes abound. (4) On the one side stand rows of willow trees. (5) On the other side lies a stretch of grassland sprinkled with many yellow and red flowers.

上述段落长短句交叉使用,长句为(1)、(3)、(5),短句为(2)和(4)。另外,句型结构变化大,文章流畅自然,节奏感强,生动活泼。

3.倒装结构

英语的基本句型是 S+V+O,如果偶尔打破常规,改变某一成分的位置,不仅可以丰富句型,而且能够强调、突出被倒装的部分,收到意想不到的表达效果。倒装句一般用于上下句的连贯和句内某些内容的强调,同时又是变化句型的手段。例如:

Never in my life have I seen such a thing.

Difficult as the work was, it was finished in time.

Not since the car radio has a technology so altered the nature of the driving experience as the cellular telephone.

4.巧妙使用否定结构

在写英语文章时,如果能够巧妙使用一些否定结构,可以增添句式的活泼性,为文章增添不少色彩。否定结构除了在助动词、情态动词、be 和 have 后面加 not 中使用之外,还有许多不含 not 的否定结构。英语中的否定结构主要包括以下几种情况。

（1）含有否定意义的词汇和短语。例如，but，except，without，against，deny，differ，free，ignore，miss，refuse，the last，used to，reluctant，different，fail，lack，let alone，at a loss，in vain，instead of，out of the question，anything but 等。

（2）含有半否定意义的词语。如：barely，hardly，few，little，rarely，scarcely，seldom，not all，not everyone，not everything 等。

（3）否定结构的倒装语序。有时为了强调而把否定词和词组放在句首，这时句子结构应倒装。例如：
On no account should we follow blindly.
我们决不应当盲从。

（4）不含否定意义的否定结构。有些词和词组形式上是否定结构，但其含义是肯定的，如 can not but，can not help，no sooner…than，not…until，in no time，none other than，nothing but 等。

（二）表达简洁化

1.使用语意具体的动词

使用语意具体的动词，可以使句子简洁，句意明确。例如：
My supervisor went past my desk.
导师悠然自得地从我桌子旁边走过。

例句中的 went past 仅表示"走过"，将其修改为"My supervisor sauntered past my desk."用 saunter 一词表示悠然自得地走过，相当于 walked slowly。改写后的句子更加生动、形象。

2.避免重复用词

在英语句子中，避免词汇的重复是十分重要的。除了表示强调或为了避免意义的含糊外，同一个词或短语很少在同一个句子中连续使用，有时在一个句群或段落中也避免重复使用相同的词。写作中避免重复的方法主要有：使用代词、同义词、近义词和省略等。

(1)使用代词回避重复是最普通、最常见的一种方法。例如：

When Tom finished his speech, he was given a burst of applause.

(2)使用同义词避免重复。它包括范畴词、相近词和派生词等。例如：

The monkey's extraordinary performance was learning to operate a tractor. By the age of seven, the animal had learned to drive a vehicle.

(3)使用省略手段回避重复。省略的主要功能就是避免重复，同时可以突出新的信息。省略是英语写作中的一种习惯用法，它能节省词语，使语句结构显得紧凑。包括省略名词、省略动词、省略形容词、省略从句等。

3.避免使用冗长的句子

据统计，一个以句号结尾的英语句子，单词的数量最好不要超过20个，否则的话，句子偏长，读者的注意力就很难集中，也就容易漏掉一两个单词，从而影响对整个句子的理解。通常情况下，采取将一个长句划分为几个短句的方法，使短句与短句之间有语气上的停顿，达到一种间歇感觉的效果。除此之外，避免句子冗长还有以下三种方式。

(1)省略同义词或近义词。例如：

原句：The government project is important and significant.

修改后：The government project is significant.

原句中的形容词important(重要的)和significant(有重要意义的)是一组同义词，改写后的例句中省略了important，保留了significant。

(2)简化句子的单词构成，用一些简单的单词，代替一些复杂的但意义相同的词汇，如用now代替at this point in time；用ignore代替do not pay attention to等。

(3)在不改变句子含义的前提下，省略所有可以省略的单词。

例如,将"The cover of the book is red in color."修改为"The book cover is red."

三、段落的写作

段落写作要保持连贯性,段落的各个部分必须逻辑顺畅、连贯一致,上下句过渡自然。连贯性好的段落不仅可读性强,还能有效引导读者思路,避免读者在理解上产生偏差。

(一)段落的连接

段落的连接方式主要有四种:使用过渡连接词,使用词汇纽带,使用代词,使用平行结构。

1.使用过渡连接词

过渡连接词是一种关系指引词,能够体现出句与句之间的逻辑关系,保持段落的流畅和通顺,也是读者把握文章含义的重要线索。构成过渡词的词语一般为代词、连词、副词(或能起副词作用的短语)、上下文的同义词等。例如:

Medical science has thus succeeded in identifying the hundreds of viruses that can cause the common cold. It has also discovered the most effective means of prevention. One person transmits the cold viruses to another most often by hand. For instance, an infected person covers his mouth to cough. Then he picks up the telephone. Half an hour later, his daughter picks up the same telephone. Immediately afterwards, she rubs her eyes. Within a few days, she, too, has a cold. And thus it spreads. To avoid colds, therefore, people should wash their hands often and keep their hands away from their faces.

上述段落恰当使用了 thus, also, for instance, then, half an hour later, immediately afterwards, within a few days, too, and thus,therefore 等过渡连接词,清晰地呈现了句与句之间的关系以及段落内部的逻辑关系,也使段落更加连贯流畅。

根据在文章中的作用不同,过渡连接词大体可以分为以下几类。

(1)表示顺序,如 first,second,first of all,next,then,one,a second,a third,finally 等。

(2)表示增加,如 and,and then,also,again,further,furthermore,moreover 等。

(3)表示举例,如 for example,for instance,such as,like,namely,in this case,as a case in point,in particular 等。

(4)表示强调,如 doubtless,to be sure,indeed,above all,in fact,as a matter of fact,indeed,certainly,particularly,actually 等。

(5)表示原因,如 since,as,for,because,because of,for that reason,as a result of,due to,owing to 等。

(6)表示时间,如 in due time,presently,before,afterwards,at last,in the meantime,shortly,meanwhile,shortly after,then,immediately,once 等。

(7)表示地点,如 here,there,across,next to,above,below,beyond,close to,on the opposite side,in front of,to the/one's right/left 等。

(8)表示结果,如 therefore,accordingly,thus far,for this reason,as a result,so,hence,thus,so far 等。

(9)表示总结,如 to sum up,lastly,finally,briefly,in brief,to conclude,in conclusion 等。

(10)表示比较相同或不同,如 just as,like,too,also,similarly,likewise,in a like manner,in the same way,the same…as 等。

(11)表示让步,如 however,yet,(it is true…)but,nevertheless,admittedly,in spite of 等。

2.使用词汇纽带

所谓词汇纽带，是指用以衔接前后文的词汇手段，如关键词重复、同/近义词重复、使用反义词、使用上/下义词、使用概括名词、利用词的笼统关系、利用语义场关系等。这些词汇衔接手段的使用能大大提高段落的流畅性与连贯性。例如：

A good case in point is the white tailed deer. Like most wildlife, deer reproduce, grow, and store fat in the summer and fall when there is plenty of nutritious food available. A physically mature female deer in good condition who has conceived in November and given birth to two fawns during the end of May or first part of June, must search for food for the necessary energy not only to meet her body's needs but also to produce milk for her fawns. The best milk production occurs at the same time that new plant growth is available. This is good timing, because milk production is an energy consuming process—it requires a lot of food. The cost cannot be met unless the region has ample food resources.

(Aaron N. Moen: *Deer and the Energy Cycle*)

本例使用了以下几种词汇纽带：

(1)关键词重复：food(4次), milk production(2次), energy(2次)。

(2)上/下义词：fall-November; wildlife-deer-white-tailed deer-a physically mature female deer。

(3)同/近义词：plenty of nutritious food-ample food resources; reproduce-give birth to; energy consuming-cost。

(4)词的笼统关系：cost-energy-consuming。

(5)词的语义场：grow-conceive-reproduce-produce milk。

3.使用代词

尽管复现关键词是实现段落连贯的一个有效手段，但不必要的词汇重复反而会影响段落的可读性。代词的使用能够很好地把句子联系起来,使句子发展成段落,因此代词对于段落的连贯性来说同样具有重要的意义。

4.使用平行结构

恰当地使用平行结构一方面能更好地连接语义,另一方面能够使行文工整,实现段落表达的连贯性。例如:

In addition to her busy career as a writer, Aphra Behn also found time to briefly marry and spend a little while in debtor's prison. She found time to take up a career as a spy for the English in their war against the Dutch. She made the long and difficult voyage to Suriname [in south America] and became involved in a slave rebellion there. She plunged into political debate at Will's Coffee House and defended her position from the stage of the Drury Lane Theater. She actively argued for women's rights to be educated and to marry whom they pleased, or not at all. She defied the seventeenth-century dictum that ladies must be "modest"and wrote freely about sex.

本段采用6个"主语＋动词过去时"的结构(Aphra Behn also found time, she found, she made, she plunged, she actively argued, she defied),实现了语义的衔接与连贯。

（二）段落的排列

段落的排列方式主要有三种:按时间顺序排列、按位置远近排列、按重要程度排列。

1.按时间顺序排列

按照时间的先后顺序组织段落是最常用的一种方法。它一般按照人们的经历,先叙述先发生的事件,后叙述后发生的事件。例如:

So impressive was this invention, so difficult was it to exceed this speed limit, that nearly 3,500 years later, when the first mail coach began operating in England in 1784, it averaged a mere 10 mph. The first steam locomotive, introduced in 1825, could have a top speed of only 13 mph and the great sailing ships of the time labored along at less tan half that speed. It was probably not until the 1880's that man, with the help of a more advanced steam locomotive, managed to reach a speed of 100 mph. It took the human race millions of years to attain that record.

本例按照时间的先后顺序排列,从1784年的10英里到1825年的13英里,再到1880年的100英里,说明了"速度的提高并非易事"这一主题。

2. 按位置远近排列

按空间次序组织的段落一般是将读者的注意力首先集中在某一点上,随后从那一点对人、物体或者场面进行描述。这种描述和人们日常生活中对事物的观察是一致的,即从上到下,从一边到另一边,从远到近或者从近到远等。例如:

At stand-to, rum and tea were served out. I looked at the German trenches through a periscope—a distant streak of sandbags. Some of these were made of colored cloth, whether for camouflage or from a shortage of plain sacking, I do not know. The enemy gave no sign, except for a wisp or two of wood-smoke where they, too, were boiling up a hot drink. Between us and them lay a flat meadow with cornflowers, marguerites and poppies growing in the long grass, a few shell-holes, the bushes I had seen the night before, the wreck of an aeroplane, our barbed wire and theirs. Three-quarters of a mile away stood a big ruined house; a quarter of a mile behind that, a red-brick village—Auchy—poplars and haystacks, a tall chimney, and another village—Haisnes. Half-right, pithead and smaller slag-heaps. La Bassee lay half-left; the sun caught the weathervane of the church and made it twinkle.

本例按照从 a distant streak of sandbags 到 between us and them，再到 three-quarters of a mile away，最后到 a quarter of a mile behind that 的顺序，即由远到近的顺序展开叙述，使描写的景象逐渐推进。

3. 按重要程度排列

段落的展开有时会按照事情的重要程度来决定先说什么，后说什么。需要指出的是，这并不意味着在写作时一定是先说重要的，后说次要的，而是应该根据表达的目的和效果选择合适的组织方式。例如：

If you work as a soda jerker, you will, of course, not need much skill in expressing yourself to be effective. If you work on a machine, your ability to express yourself will be of little importance. But as soon as you move one step up from the bottom, your effectiveness depends on your ability to reach others through the spoken or the written word. And the further away your job is from manual work, the larger the organization of which you are an employee, the more important it will be that you know how to convey your thoughts in writing or speaking. In the very large business organization, whether it is the government, the large corporation, or the Army, this ability to express oneself is perhaps the most important of all the skills a man can possess.

本段的主题是"表达能力对于不同职业、身份的人都很重要"，采取了从 not need much skill 到 of little importance 再到 more important 最后到 most important 的顺序，即按照表达能力的重要程度在不同领域由低到高的顺序展开论述，使读者一步步地接受了作者的观点。

四、篇章的写作

（一）篇章统一

语篇写作的一个首要标准就是语篇中的各个部分都要围绕语篇的中心思想来展开，不能出现与之无关的内容。换言之，语篇中的每个句子都应在某种程度上与语篇的主旨有关联，每个观点、每个例证都应与语篇的中心思想有关。凡是与主题无关的东西，不论有多么精彩，都应该删去。

检验一个语篇是否具有统一性，通常需要关注以下两个方面。

(1)语篇各段落是否跟语篇的主旨有关？

(2)在语篇的各段落中，是否每一个细节和例证都跟中心意思有关？

下面我们就按照上述标准检查下面一则语篇是否符合统一性原则。

There is a close association between interest and learning. Strong interest can lead to a strong desire to learn some subjects well. The more interested you are, the more active and hard working you will be, and the more satisfactory your results will be.

The same is true of English learning. It is very important to develop an interest in English language. No matter how well the teachers instruct in class or how carefully the materials are chosen, if you have no interest in it, you may complain, as some students do, that English learning is too difficult or too boring.

Therefore, you should cultivate interest in English properly. As the saying goes, "Interest is the best teacher". When you overcome various difficulties and master it, your interest will become stronger, and vice versa. Then you may say English learning is challenging; you will be an active and efficient learner rather than a dejected complainer.

本例一开头就提出了全文的中心论点:学习和兴趣密切相关,并从正面阐述了兴趣对学习的积极作用。第二段又从反面论证缺乏学习兴趣可能带来的消极影响。最后一段得出应该正确培养自己学习兴趣的结论。总的来说,整篇文章主题明确,论证充分有力,说服力较强。

(二)重点突出

主次分明、重点突出也是篇章写作的重要技巧,可以从以下五个方面着手。

1.重复

重复重点内容是实现强调的一种最简单、最有效的手段。然而,重复用得太机械就会导致语篇单调、乏味。因此,重复必须和其他多样化的手段结合起来才能在强调重点的同时,使语篇具有更丰富的内容。例如:

Danny in the back seat wants a cup of water.

Have to wait. Got no water here.

Listen—that the rear end?

Can't tell.

Sound telegraphs through the frame.

There goes a gasket. Got to go on. Listen to her whistle. Find a nice place to camp an' I'll jerk the head off. But, God Almighty, the food's gettin' low, the money's getting' low. When we can't buy no more petrol—what then?

Danny in the hack seat wants a cup of water. Little fella's thirsty.

Listen to that gasket whistle.

Chee-rist! There she went. Blowed tube an' casing all to hell.

Have to fix her. Save that casing to make boots; cut'em out an' stick'em inside a weak place.

Cars pulled up beside the road, engine heads off, tires mended. Cars limping along 66 like wounded things, panting and struggling. Too hot, loose connexions, loose bearing, rattling bodies.

Danny wants a cup of water.

People in flight along 66. And the concrete road shone like a mirror under the sun, and in the distance the heat made it seem that there were pools of water in the road.

Danny wants a cup of water.

He'll have to wait, poor little fella. He's hot. Nex' service station. Service station, like the fella syas.

(John Steinbeck: *The Grapes of Wrath*)

上述语篇采用了间隔反复的手法，使读者越来越深刻地体会到向西部迁移的破产农民的艰辛困苦。

2. 位置安排

一般而言，语篇的首尾是最容易引起读者注意的部分，因此，作者应将重点内容放在这两个位置。例如：

Man indicted in "spooky house" shooting

COLUMBUS, Ohio—A grand jury indicted a man Thursday on charges of felonious assault in the shooting of a teen who along with her friends was sneaking around outside his house on a ghost hunt.

Each count returned by the Franklin County grand jury against Allen Davis, 40, carries a sentence of three to eight years in prison. He is accused of firing a rifle from the house at a car load of girls after hearing them outside the night of Aug. 22. They considered the house spooky.

One of the girls, Rachel Barezinsky, 17, was shot in the head and critically injured but had improved to fair condition Thursday night as Ohio State University Medical Center, a nursing supervisor said.

Davis remained at the Franklin County Jail on $500,000 bond Thursday night. His arraignment was set for Friday morning.

In jailhouse interviews, he has admitted firing the rifle but said he didn't mean to hurt them. He said they were juvenile delinquents and shouldn't have been trespassing at the 66-year-old house, which sits across from a cemetery.

The girls and other high school students have gone out to cemeteries to hunt for ghosts before, the girl's father, Greg Barezinsky, has said.

(*Associated Press*, Sept.1, 2006)

上述语篇是一则新闻报道。第一段的导语部分就是整篇文章最重要的部分，这样的安排使报道内容一目了然，不仅有利于编辑按篇幅所需进行逆向删减，也有利于吸引读者注意，或便于读者进行选择性阅读。

3. 比例安排

对重点内容进行重点阐述是强调的一个常用方法。这不仅有助于突出重点，也有助于加深读者对所述内容的理解，从而使其更容易接受文中观点。例如：

My Desire for a Bed

My desire for a bed originated from my sharp stomachache. For more than thirty minutes I bent over the desk with my head in my hands in the indifferent classroom. With eyes closed under the heavy load of cold loneliness and ears stuffed with hot noise of the other classmates, my body was so eager to anchor in my remote home that my heart was almost torn into pieces when my legs were still nailed on the classroom ground.

  I was tormented by the hideous gastritis. I felt nothing but pain; I desired nothing but a bed, a bed with a warm quilt and a soft pillow in a quiet room. But I was a college student, who wasn't allowed to go back to the dormitory until eleven o'clock in the morning, and who, like a prisoner, had no freedom to choose what he or she liked to do. And I, of course, knew clearly the iron rule, the iron door and the iron-faced doorkeeper of our "common home". So the only thing I could do was to sit still in the classroom although I was feeling myself on a knife-edge.

  As time sailed by, the everlasting torture made me dizzier and dizzier. Ache swallowed all my persistence and scattered bitterness in every cell of my nerves. Lying on a bed became so ravenous a hope that it grew into my transcendent ideal of life. Devoted to this ideal, I was pumped courage up. I would try to break the rule and throw off my self-esteem to beg the amiable doorkeeper to let me in.

  Without troubling others, I staggered forward to my holy destination. But, as usual, my earnest request was battered by the cruel and icy "NO!"—I couldn't believe it! There was only ten minutes to eleven o'clock. Was the world so horrible and miserable? Wasn't there any sympathy and kindness? Anger was burning like a fire dragon in my chest. My blood was boiling. What was worse, my stomachache, like a poisonous snake, vanquished me by its poison and deprived me of all my strength. I couldn't utter a word but waited in the howling wind, pale and helpless.

  Ages passed. The door opened. At last I could entertain myself with such an "extravagant hope". Being embraced by the lovable bed and quilt, I felt as if I was a merry baby in my mother's arms. With my floating into the real dream, joyful and sorrowful tears poured down from my eyes.

在上述语篇中，作者用了大量笔墨描述胃疼发作时的痛苦表现，为读者留下了深刻印象。

4.单独成段

将强调的内容单独写作一个小段也是一种常用的强调方法。例如：

A Terrifying Experience

I was spending the night in my aunt's villa one summer. That night, being on a strange bed and feeling excited, prevented from sleeping. I slipped out of bed and went to the garden. My cousin Peter was there, and we soon started a conversation in front of the garden fence. Suddenly, a strange noise coming from behind, made me spin around.

There, creeping just behind our heels was a snake of remarkable length!

"Stand still, Peter! Stand still," I ordered.

The snake crept slowly under our feet, at times showing its red long tongue. Peter seemed to feel our dangerous condition too. My heart beat fast and my brow was covered with sweat. I stood rooted in the ground. My hairs stood on end when the snake crept over my shoes. I thought that my last moment had come.

However, the snake soon crept away without noticing us.

I managed to turn to Peter and say, "Let's go," after the danger had passed. This was easier said than done, for it was almost impossible to move with our limbs like stone.

上述语篇包含六个段落。其中第二段、第三段和第五段均是一句话构成的小段，强调了蛇出现时候的那种恐怖的感觉以及蛇离开时候的迅速。使自己的战战兢兢和蛇的优哉游哉形成了鲜明的对比,令读者印象深刻。

需要指出的是,小段不能胡乱使用,否则就会使文章显得过于松散、杂乱。

5.使用断语

直截了当、语气肯定的断语是表示强调的一个有效手段。这类断语往往建立在大量证据的基础上,否则就没有了强调的力量。例如:

The first law of urban dynamics is change, and the first law of change is that what helps some hurts others. The much hoped-for miracle of revival in older city neighborhoods is having an unanticipated victim: the urban poor.

本例结尾处的 the urban poor 三个词简洁、干脆,直入人心。

第三章 修辞概述

语言主要是为了交流信息、传递思想,而修辞是为了对语言进行修饰,增强语言的表达效果。在语言的运用中修辞发挥着重要作用,其不仅可以提升人们的鉴赏和阅读能力,也能够提升人们写作的水平和质量,还能够提高人们的语言素养。修辞是一种广泛存在的语言现象,无论是在口语还是书面语中都十分常见。本章就对修辞进行概述,涉及修辞的概念、运用原则、影响修辞活动的因素、修辞与语法以及逻辑的关系、学习修辞的意义和方法等内容。

第一节 修辞的概念及运用原则

修辞作为语言体系中的一个重要组成部分,经常出现在人们的日常交际过程中。虽然人们可以利用修辞来强化语言表达的效果,但其在运用过程中同样需要遵循一定的原则,不可乱用,否则就会起到适得其反的效果。

一、修辞的概念

很早人们就对修辞的定义进行关注和探讨了。在古希腊时期,著名哲学家亚里士多德就意识到了修辞的存在,并写出了《修辞学》(*A Theory of Civic Discourse*,2006)一书。在我国,关于修辞的定义的论述也最早可以追溯到先秦时期,但是这一时期并不成系统,是比较零散的。现如今,中西方学者对修辞定义的研究不断广泛化和深度化。下面就来简要了解中西方学者所给出的修辞概念。

布莱恩特(D.C.Bryant)在《修辞:功能与范围》(Rhetoric: Its Function and Scope)一书中提出:"修辞是有教育性和说服力的理论性话语形式。"❶布莱恩特对修辞的界定着重于修辞的教育性与劝说性。

理查德(Richards)在《修辞哲学》(The Philosophy of Rhetoric)一书中指出:"修辞主要是用于对人类交流中存在的误区进行研究,并基于此找到解决的方法。"❷该定义着重于对修辞研究对象的描述,而其中涉及的解决方法就是之后要讲到的修辞手法。

布鲁克斯和沃伦(Brooks & Warren)在他们合著的《现代修辞学》(Modern Rhetoric)中指出:"修辞是一门艺术,主要用于对语言进行有效处理。"❸该定义明确了修辞是一门艺术,并指出修辞主要是用于对语言进行操作。

《韦氏大学词典》(Random House Webster's College Dictionary)则定义为"修辞是在口语和写作中有效使用的艺术,其中包含修辞格的使用。"❹这一定义与上述定义存在着异同,相同点在于都承认修辞既体现在口语上,也体现在书面语上;不同点在于这本书中的修辞涉及了修辞的运用层面。

《世界图书英语大辞典》(The World Book Dictionary)认为,"修辞是为了说服、影响他人而运用语言完成写作的一门艺术。"❺从这点来说,修辞不仅可以用在语言这一口头上,还可以用在写作这一书面上,并且目的是为了进行说服和影响。

我国修辞学家陈望道先生在《修辞学发凡》一书中指出,"修

---

❶ 吕煦.实用英语修辞[M].北京:清华大学出版社,2004:3.
❷ 同上.
❸ 同上.
❹ 同上.
❺ 同上.

辞不过是对语辞的一种调整,为了能够传达适切的信息。"❶

语言学家高名凯在其《普通语言学》一书中指出:"修辞是一门艺术,是人们运用语言,并最大限度地使语言具有感染力和说服力的一门规范化科学。"❷

《现代汉语词典》对于修辞也进行了界定,"修辞是采用各种修辞手段,对文章中词句进行修饰的形式,目的是为了保证整个文章的生动、形象、鲜明。"❸该定义对修辞的手段、目的等进行了说明。

《辞海》给予了更为全面的界定,它认为:"修辞是根据主题和情境,运用各种表现手段,将所要传达的内容运用口语或者书面语恰当地传达出来。"该定义涉及两大层面:一是其主要体现在口语与书面语中;二是其从主题和情境出发,对语言进行恰当传达。

上述中外学者从不同角度阐释了修辞的定义,但是综合起来,可以对其进行如下归纳。

(1)修辞是一种活动,目的在于保证语言表达能够生动、形象、准确。

(2)修辞是一门科学,主要研究的是修辞的活动与行为、技巧与方法、使用的规律等。

(3)修辞是运用语言获得的最理想的手段和技巧。

通常情况下,人们多认为修辞是一种活动,即上述第一个定义。上述三个层面的定义是相互联系、相互作用的。为了对修辞这一术语有更加深入、全面的了解,下面来分析修辞本身所具有的特点。

修辞的运用主要基于语言文字这一媒介,目的是为了有效地进行交际。因此,修辞不仅仅是一种有规律的应用手段,还是一种包含社会性和民族性的人文现象,其主要有以下三个特点。

---

❶ 吕熙.实用英语修辞[M].北京:清华大学出版社,2004:4.
❷ 高名凯.普通语言学(下册)[M].上海:新知识出版社,1957:80.
❸ 中国社会科学院语言研究所.现代汉语词典(试用本)[M].上海:商务印书馆,1965:1195.

首先，修辞具有应用性，这是其最基本的特征之一。修辞是通过使用语言符号，将作者的思想情感等传达出来的一种交际行为。具体来说，修辞的应用性主要体现在如下几个层面。

第一，目的层面。从目的层面上来说，通过对语言符号的掌握和运用，人们才能进一步使用修辞这一手段，进而让听者或者读者理解和明白，从而接受自己的所述和所写。同时，修辞具有应用性，才能使语言更具有得体性和准确性，保证能够将自己的思想没有任何偏颇的传达。就这一点而言，修辞是将语言付诸于实践的过程。

第二，修辞方式和手段层面。从修辞方式和手段来说，任何一种方式和手段都需要建立在应用的前提和基础上，也只有这样才能保证语言发挥出更好的价值和作用。因此，修辞在方式和手段上也具有应用性。

第三，修辞语境层面。修辞的应用性还体现在修辞语境上。对修辞效果进行评价，需要修辞语境的参与。这是因为，只有结合具体的言语行为，对修辞进行评价的最终效果才能更具有准确性，才能给予恰当的解释，这不是就事论事的分析可以做到的。

其次，社会性。由于科技逐渐发展，媒体技术逐渐产生，传统的交际手段已经被新的交际手段所取代，但是其中的修辞仍旧处于不可磨灭的地位。在日常生活中，人们是言语活动和行为的发出者，这就需要修辞参与其中。当人们与他人展开交流时需要修辞广泛参与其中。

最后，民族性。所谓修辞的民族性，顾名思义就是修辞与民族文化相关。如前所述，修辞本身具有社会性，是一种社会交际行为，因此其在观念选择、修辞表达上都渗透着民族的文化心理、价值观念。这是从宏观层面上来说修辞的民族性。就微观层面来说，其还体现在修辞手段的选择和运用上，其选择和运用也融合了文化的色彩。具体来说，可以从以下层面体现出来。

第一，与民族心理有关。修辞手段的选择与使用与民族心理有关。民族心理影响着修辞方式的选择和使用，人们通过修辞方式,可以了解该国家、民族的深层意识、民族心理。

第二,与民族生活有关。修辞手段的选择与使用与民族生活相关。很多时候,修辞手段的选择和运用与普通人的生活有紧密联系,并且随着时代的发展逐渐在语言中固定下来。

第三,与民族伦理有关。修辞手段的选择与使用与民族伦理相关。西方国家倡导开放的思想,要求自由、平等,因此在修辞的选择和使用上也都倾向于平等。

二、修辞的运用原则

人们说话、做事都需要依据一定的规矩展开,这一规矩即是人们言语、行为的原则和标准。修辞主要的研究对象在于言语与写作,因此修辞也离不开一定的标准和原则。但是人们对修辞的运用原则认识并不全面,甚至存在着明显的差异。很多人认为修辞的运用原则只是美化言语,其实不然,修辞还具有层次性,其不仅需要遵循一定的规矩,还需要从不同层次来遵守。从人类修辞学的角度出发,西方修辞学家将修辞分为两大类:交际修辞(communicative rhetoric)和美学修辞(aesthetic rhetoric)。这两类修辞有着自身的特点与任务。

(1)交际修辞。所谓交际修辞,指的是人们在运用语言进行写作和交流时,将自己的思想清楚地表达出来,运用自己的主观意识对客观事物进行分析和说明。交际修辞是写作和说话的基础和关键,其要求在用词上精练,句子上要保证通顺,结构形式上要尽量简约,做到言简意赅,避免晦涩。因此,交际修辞的重要部分就是词句的运用。

(2)美学修辞。所谓美学修辞,指的是根据逻辑思维,有效地提升语言的形象性、生动性、说服力和感染力,从而将语言的表达功能最大程度地发挥出来,让读者在阅读中体会到美的享受。就本质上来说,美学修辞就是对各种修辞格进行使用。根据修辞格的特征,美学修辞可以分为词语修辞格、结构修辞格与音韵修辞格。这三种修辞格将在下面章节中做重点论述,在此就不再多加赘述。

在言语交际中,交际修辞需要生动、通顺,而美学修辞也同样要做到这一点。可以说,美学修辞和交际修辞相互渗透、相互交叉。在具体的写作实践中,二者都是为了迎合写作的需要,因此可以相互并用,采用任何技巧和手段来提升表达效果。简单来说,修辞的运用原则需要建立在某些特定的修辞活动中。

(一)美的原则

在很多专家、学者的眼中,美的原则是不可缺少的。之前人们对美的原则并没有绝对化的概念,但是却不能忽视其在语言中的重大作用。所谓美的原则,是指运用修辞来实现语言的优美,获取更高的表达效果。在实际的修辞活动和行为中,追求语言美是非常常见的。一般情况下,这种美主要涉及如下两点。

1.形式美

修辞活动的形式美主要体现在声音层面,使听者或者读者感受到听觉的美。修辞格中的双声修辞、类比修辞、叠韵修辞、反复修辞等都是形式美的最好体现。例如:

None but the brave.

None but the brave deserves the fair.

这是出自于《亚历山大宴会》这首诗的第一节的最后四行,在这里,运用"None but the brave."这一铿锵有力的反复句式,表达了对主题的烘托和渲染,也使得句子音律和谐,亲切感人,达到形式与内容的美的和谐。

汉语中也是如此,也运用多种语言形式,如对偶、排比、叠韵等。例如:

平声如击钟鼓,

仄声如击木石。

这就是一个简单的对偶句式,语言工整对称,构成美的韵律。

2.内涵美

除了形式美外,内涵美也是修辞活动和行为的一种美的原则。与形式美相比,内涵美占据较大比例。修辞的内涵美追求的是让听者和读者产生美的联想,给人以美的韵味。英语中比喻修辞、双关修辞、借代修辞、拟人修辞等都是内涵美的重要体现。例如:

Thanks for that:

There the grown serpent lies;the worn that's fled.

这本来是麦克白的一段内心的独白,当他得知自己的对手被人害死之后,但对手的儿子却逃脱了,因此感到了愉快却饱含担忧的心情。

在汉语语言中,也需要坚持内涵美。例如:

玉兔,嫦娥,桂树;

美白,漂亮,芳馥。

明月,清风,十五;

相思,团圆,遥祝。

这是一则短信的内容,这几组是相对静止的,且没有多大关联的景物,但是综合在一起进行描写,使人们感受到中秋佳节团圆的气氛,给人以安详,这就是内涵美的展现。

(二)目的原则

人的行为都具有目的性,因此修辞行为也具有目的性。具体来说,修辞活动需要涉及三个基本要素:发话者或写作者、听话者或者阅读者、话语信息或者写作内容。这些活动都是建立在一定的目的或者目的的某一部分的基础上。

中西方学者很少将目的原则纳入修辞原则的内容之中,但是对于修辞的整个层面来讲,目的性也是属于其原则。如果人们在言语和写作中没有目的,那么他们就无法开展修辞活动和行为。

例如，在马丁·路德·金的《我有一个梦想》演说❶中，其中大多是"I have a dream that …；I have a dream that …；I have a dream that…"这是排比修辞的运用，凸显了明确的目的，即用于鼓舞群众，调动大众的情绪，从而得到大家的拥护。

（三）创新原则

修辞活动和行为需要人们不断学习与借鉴，从整个人类修辞史来讲，几乎都是经历了不断的发展和创新。同时，人们在对修辞行为进行评价时，也常常注意到修辞活动和行为给人们留下的耳目一新的感觉。因此，创新在修辞活动和行为中必不可少。在口语和写作中，需要坚持创新原则。修辞的创新主要体现在两大层面上。

（1）对修辞样式进行创新。

（2）对旧有的样式进行革新。

总之，修辞活动和行为层面上的创新就是建立在固有语言表达形式的基础上，对潜在的语言形式进行挖掘，从而与社会需要相适应。笼统来讲，只要保证传达的情感准确，并且具有美感，那么这种创新就是可以的。但是，创新也需要建立在语言发展的规律的基础上，这是不可以违背的道理。

第二节　影响修辞活动的因素

众所周知，人们在使用语言开展交际的过程中会受到多种因素的制约和影响，如果无视这些影响因素而任意使用语言，就会导致交际过程遇到阻碍甚至中断交际。修辞活动同样如此，修辞的使用不仅需要遵循一定的原则，同时还需要考虑多种影响因素。下面就从听话者、语境、语气三个因素来做重点论述。

---

❶ 转引自刘成科.演讲实战高手[M].济南：齐鲁电子音像出版社，2009：129.

第三章　修辞概述

一、听者因素

听话者对修辞的影响主要表现在从信息与听话者的关系上，听话人的变化往往会带动信息表达形式的变化，以及使用的语言策略、修辞技巧的变化。下面我们对赤井电机株式会社（简称AKAI）公司刊登在不同杂志上的两则广告进行对比。

广告1：

Big Name Recording Star. AKAI cassette decks are known worldwide for quality sound and state-of-the-art features. Including AKAI's exclusive GX Heads—guaranteed for 150,000 hours, over 17 years of play. See our wide selection of cassette decks at your AKAI dealer…

广告2：

Good Sound Is Your Hand. AKAI's GX Head is guaranteed for over 17 years.

What you're looking at is AKAI's exclusive GX Head.

A technical departure from any other recording/playback head design on the market today. Its composition: glass and crystal ferrite.

Imagine, 1f you will, a virtually wear-free head with a smooth glass face that doesn't allow dust to collect. A head that AKAI guarantees to perform for over 150,000 hours. That's 17 years of continuous, superb play.

It's a head that many audiophiles feel has set the industry's performance and durability standards. And you'll find it exclusively in AKAI cassette and reel-to-reel decks.

All of which means that to get the clean, crisp sound your head deserves, use ours.

这两则广告叙述的都是同一个产品，传达的信息是基本一致的。但是,两个针对的读者是不同的,第一个是刊登在《新闻周刊》之上,因此面对的读者大多是普通民众,因此其信息的表达方式也都是大众化的,而其使用的策略大多为了树立公司自身的形象;而第二个是刊登在《音响评论》之上,因此面对的对象专业化比较强,不难发现其中有很多专业化的术语,并且运用了双关的修辞手段,是一种劝说的方式,这则广告不仅是为了树立公司的形象,更注重于针对听话者的诉诸请求,从而建立与读者的信任。可见,以上这两则广告,由于听话人不同,其信息表达方式也发生了变化,但是这种变化在语言里面体现的却很自然。

二、语境因素

语境即语言环境,是语言行为发生的场合。选择什么样的表达方式,需要根据特定的场合来决定,这样才能保证修辞选择的有效性,例如:

All the spring hills and plains were covered with chrysanthemums, that sent forth a fresh, cold fragrance. Among the chrysanthemums, at times, **sticked** out a dazzling and my.

春天,漫山漫坡是一片菊花,散发着一股清爽的香味。菊花丛里,有时会**挺起**一枝夺目的野百合花。

在这句话中,运用 stick 这种拟人的手法将野百合花写的活灵活现,不仅写出了其挺拔娇艳、与众不同的风格和姿态,也渲染出其浓浓的春意。将其放置于一幅绚丽多彩的春光图中,stick 传神的一笔才能生动地表达出来。但是如果离开了这样一个语境,那必然就没有这种效果了。再如:

句子1:

Have them please! This bowl of dumplings were made by our teacher, Miss Lin, in such a hot day that they were **soaked with her sweat**!

句子2:

Have them please! This bowl of dumplings were made by

our teacher, Miss Lin, in such a hot day that they were **soaked with her care**!

两个句子都是想运用拟人的修辞手段,来使句子更形象生动。结合上下文来说,两个句子只有 sweat 和 care 两个单词的差异,但是搭配上却显得明显不同,第一个句子将 soaked with her sweat 与 dumping 进行搭配,但是"浸透了汗水的饺子"如何下咽呢,显然是搭配的不够恰当,甚至显得有些荒唐可笑。这就是指关注了其用词的生动而忽视了上下文的关系。而后面选择用 soaked with her care 就显得更加真切和和谐。

总体来说,语言运用的好坏、是否恰当,完全是根据语言环境而说的,如果脱离了具体的语言环境,那么就无法对这些词或者句子进行评判。

三、语气因素

每一个交际必然都需要特定的环境,同时每一个交际也暗含着某些特殊的语气。在交谈中,我们常常会选择不同的语气来表达词语的精确含义。例如,very well 这个词用不同的语气说,可能会表示出对某些事情热情的赞同,也可能会表示出对某些事情无可奈何的同意。发话人对听话人采用何种语气(即方式和态度等),就决定了发话人如何来调节所要传达出的信息,主要体现在以下两个层面。

(一)说者对听者的态度

语气因素首先要表现在发话人对听话人的态度上。如果我们在做关于对某项政策的支持或者反对的演讲,这一主题必然是比较严肃的。如果面对的听话人不同,一边是友好的听话者,另外一边是敌视的听话人,这时选择使用的语气也要不同。当然,需要注意的是对于友好还是敌视因素的考虑,并不是决定发话人态度的唯一因素,也会受到听话人的知识、兴趣以及关注度的影响。

(二)语气对意义的修正

语气也是对意义的修正,即对将要说的话的一种规定。我们很少运用字面意义来进行表达,很多情况下可以读出其言外之意。例如:

句子1:

I see by the new Sears Roebuck catalogue that it is still possible to buy all axle for a 1909 Model T Ford, but I am not deceived. The great days have faded, the end is in sight. Only one page in the current catalogue is devoted to parts and accessories for the Model T: yet everyone remembers spring—times when the Ford gadgets section was larger than men's clothing, almost as large as a household furnishings. The last Model T was built in 1927, and the car is fading from what scholars call the American scene—which is an understatement, because to a few people who grew up with it, the old Ford practically was the American scene.

句子2:

The new Sears Roebuck catalogue indicates that one may still purchase an axle for a 1909 Model T Ford. But this possibility, though interesting, does not mean that the Model T Ford is any longer an important factor in American transportation. The section of the catalogue devoted to Ford parts, once larger man that devoted to men's clothing, has now shrunk to a single page. NO Model T's have been built since 1927, and this model is rapidly disappearing from the American highway.

第二个句子是在第一个句子的基础上改编的,通过对比发现,第一个句子是运用一种相对严肃的语气来叙述 T Ford 已经过时,它运用文学典故等修辞手法来形容这部机器。但是第二个句子将原文中悲叹的语气去掉了,整个句子的语气就发生了变化,这不仅是对原文幽默性的破坏,而且造成了原文中很多意义的丧失,尤其是将原文中用来隐喻美国社会生活的态度一概抹失掉了。

第三节　修辞、语法和逻辑的关系

修辞学是耶鲁学派学者构建文学理论的重要依据,其代表人物是保罗·德曼,他对传统修辞格进行了清理,重新探讨了修辞、语法、逻辑的关系,从而将修辞从形而上学的限制中解放出来。

一、对逻辑、语法和修辞传统关系的质疑

在西方,自基督教文化从中世纪盛行之后,人们就逐渐摒弃了修辞学理论,因为在他们眼中修辞学属于一种异教文化。后来,由于在解释《圣经》时需要用到修辞学,因而这门学科就被教会重视起来,同时与语法、逻辑并列成为人文教育的三门学科。从此时开始,修辞学就成为脱离任何意见、观念的一种纯粹技巧。

西方著名诗人但丁这样说道:"诗是按照音乐的道理去安排的章词虚构,当诗人采用修辞格的外表或章词色彩来写诗时,头脑中应该有一个推理,即诗人必须知道当揭去言辞的外表后诗句所表达的真诚意图是什么。"从但丁的话语中可知,当时的人认为修辞只是"意图"的"外表",是一种被附加上去的装饰物,在必要的时候是可以被除去的。那么,语法、逻辑对于表达同样是装饰物吗?是可以被除去的吗?

显然,在修辞、语法、逻辑三门学科中,三者的地位并不是等同的,当时的人们自然不会怀疑语法、修辞在表达中的必要性,但会常常担心修辞篡夺意图的表达。换言之,语法、逻辑在表达过程中是非常有规律的,其对表达过程起着一种积极的保障作用。修辞在表达中虽然具有一定的技巧性,但正如西塞罗所说,修辞是一门技艺,在使用过程中需要一定的创造性,并不能轻易被驾

驭,其在话语中所产生的话语转义也是不容易被预测的。

在修辞、语法和逻辑这三门学科中,语法、修辞之间的关系十分密切,二者是人们探求真理、构建认知世界稳定秩序的保障,由于修辞在人们眼中具有说服功能上的诱惑,因而其地位相对不高,只能排在逻辑、语法的后面。由此可知,在形而上学的框架内,人文教育的这三种学科之间的安排顺序是:语法服务于逻辑、逻辑开拓人们对世界的认知,修辞则是语法、逻辑的附属品。

在中世纪的西方学术界,即便是在文学领域中,修辞在话语运用过程中的程度同样会受到语法和逻辑的制约,即便是在当代,有些语言流派中同样持有这样的观点,如结构主义理论流派。在结构主义学者看来,语法、逻辑构成了文本,二者是修辞得以运用的基础。结构主义叙事学中虽然为修辞保留了一点运作的空间,但也只限于对故事的分解、重组、扩充等叙述行为中。如此一来,修辞活动在语法、逻辑的制约下举步维艰。

保罗·德曼研究的重点在于修辞的结构以及修辞性阅读,他将语言领域中的语法、逻辑、修辞三者之间的关系进行了重新思考与定位,从根本上破除了修辞被束缚的障碍。在德曼所写的《符号学与修辞》这篇文章中,他对结构主义压制修辞学科的观念进行了批判,认为结构主义将语法结构与修辞结构相混同的想法是错误的,更不可将修辞格研究作为语法模式研究的一种单纯延伸,将修辞格看作句法关系的一种特殊亚类。

在当时,重新区分修辞、语法、逻辑的关系这一任务是令人生畏的,因为中世纪的西方学术界已经习惯了语法系统所具有的普遍性以及生成性,语法可以从一个单一模式中派生出无限多的子模式,这种带有强烈的形而上学观念的想法严重阻碍了修辞从语法系统中获取独立。不过,令人欣喜的是人们也注意到这样一种现象,即修辞的力量在表面上总是与语法力量是相对的,语法使得语言具有规律性,而修辞却始终在语言中制造种种偏离现象,如果人们将焦点从语法移动到修辞,那么语言立刻就会呈现出另外一种完全不同的秩序。

在德曼的研究过程中,他注意到很多学者都冲破了传统观念的束缚,对语法、修辞之间的差异给予了重视,如伯克、皮尔斯、索绪尔、尼采等。学者伯克认为,修辞学的语言基础就是"偏转",是对在语法模式中运作的符号和意义之间的前后一贯联系的辩证颠覆;皮尔斯则认为"符号并不是事物的本身,其只是凭借一种再现过程从事物身上派生出一定的意义,这一过程并不是生成的,也就是说,符号的意义源泉并不是某一个单一的实体。"皮尔斯上述的符号学理论认为释义过程就是一个符号产生另外一个符号的过程,而这种过程同样也是一种纯粹修辞学的过程。与纯粹的语法活动相区别,纯粹修辞学无限地进行着符号层面上的生成活动,并且与逻辑运作完全不同,其将普遍真实性作为一种预设。

二、自我解构:逻辑和语法的修辞性

与语法相比较而言,逻辑在语言中的地位更加基础,如果人们能够揭示逻辑合理性背后所具有的人为建构性,或者找出逻辑形成与修辞之间的相关性关系,那么逻辑与修辞以及语法与修辞之间的关系都需要被重新进行认识和研究。

德曼对这种自我结构关系进行了长时间的研究,在《说服的修辞学(尼采)》这篇文章中,德曼对尼采如何颠覆真理的过程进行了介绍,同时揭露了逻辑所具有的修辞学特征。对于逻辑问题的研究,尼采在自己所写的《权力意志》中进行了多次论述,他对逻辑是形而上学思想的一个坚实基础进行了批判。

根据亚里士多德的看法,矛盾律是最可靠的观点,"人们肯定和否定同一种事物并不会让人获得成功",矛盾律被认为是最基本、最后的,构成一切引证根源的定理。对此,尼采认为其中存在着两种可能性:其一,矛盾律是对实体所做出的一种断言,其在断定事实;其二,将矛盾律看作一种命令,是对事实的假定。

在使用逻辑的过程中,人们不一定必须要先认识实体,所以这种命题并不包括真实的标准,仅将其当作一种真实的命令。从本质上来看,逻辑学是对真实世界的一种仿制,即将实体、客体、属性、行动等一切基础都假定为现实性,并且为这种现实性设置了一个形而上学的框架,即"真实的世界"。

从言语行为理论所描述的语言描述行为、施为行为出发,保罗·德曼将逻辑中的"断定"视为描述行为,而将"假定"视为施为行为。"断定"只是对实体及其属性统一性的表达,并不改变事物本身的秩序。保罗·德曼认为,"断定假设已知实体的在先存在的及物功能,并且通过性质推断认识的能力。它并非通过实体自身来推断这些属性,而是通过实体被允许成为的样子来进行推断,因而是命名的和表述的。"❶

然而在尼采看来,实体本身是不可能被人们所认识的,所以也就无法"断定"事物本身的统一性,其中发生的启示就是一个修辞的过程,即"同一性原则令人信服的力量应归因于事物的感觉对实体的认识的类推、隐喻的替代。"❷

通过以上分析,还可断言逻辑同数学一样是纯粹求真的知识结构体系吗?逻辑真的优越于修辞吗?既然人们无法对实体有一种先验的认识,只是凭借感觉来通达事物,那么自然就无法确定"真"与"不真",而矛盾律这种逻辑上的判断就只能建立在修辞的形式与结构之上,通过形式化的秩序来代替实体的实质,这是典型的换喻修辞形式。

因此,保罗·德曼进一步指出,"同一性的和逻辑的语言以命令的方式确立自己,这样就认识到它在设定实体方面的能动性。"❸

逻辑"假定"人们的言语行为是施为行为,可是当其在做出命令的过程中又将自己预设为一种描述行为,也就是说,逻辑假设

---

❶ Paul de Man. *Allegories of Reading* [M]. New Haven and London: Yale University Press, 1979: 121—124.

❷ 德曼著,李自修等译. 解构之图 [M]. 北京: 中国社会科学出版社, 1998: 107—112.

❸ Paul de Man. *Allegories of Reading* [M]. New Haven and London: Yale University Press, 1979: 270.

自己使用同一性的身份对本质和真理进行陈述,如此看来这种"假设"本身就是一种谬误。逻辑与数学所具有的真实并不是对本质的一种认识,二者其实都只是一种假设行为。

保罗·德曼与尼采对修辞的自我解构观念就是要揭露逻辑的描述行为以及形而上学体现中所有的描述行为其实都只是施为行为,都是建立在对"真理"认识上的谬误。德曼的立场非常明确:只有摆脱形而上学给予的框架束缚,消减语言自身的求真意志,修辞就不会再是语法、逻辑的附属品,修辞是文本意义生成的最核心源泉。

在保罗·德曼的思想观念中,修辞是超越语法的一种存在。通过尼采的研究结论可知,形而上学框架下所建立的语法体系已经破灭,人们逐渐对语法结构自身的坚固性产生了怀疑,就如德曼所说:"当人们不再忽视话语在修辞维度上所具有的认识论压力时,就再也不能将其仅看作语法、逻辑的一种附属品,当人们将修辞仅看作语义功能内的装饰品时,对修辞的理解才会产生困难。"

语法不能再迫使修辞就范,那么修辞与语法之间的关系就必须进行重新划定。不过,这里需要提及的一点是,语法与修辞之间的关系在历史上一直是暧昧不清的,如转义在过去不仅属于语法体系,同时也属于修辞体系。从语法角度来看,转义是语法生成性的一种表现形式,传统语法认识论认为,"转义"是对中心内容的一种偏离;从修辞角度来看,转义所具有的无限差异运动不会返回中心,会从一种差异走向另外一种差异。

语法、逻辑研究是人们从静态角度来考察文本的表现方式,这种研究自然有其合理性。然而,如果文学研究只是关注这一个方面,必然会忽视文学意义的生成性与差异性。修辞研究重点强调的就是意义的动态生成性,其不仅重视文本意义的自我运动与生成,而且重视在阅读过程中所产生的文学意义增值。语法对修辞的制约,是通过语法代码转换修辞进行转义;而修辞对语法形式的超越,则是通过阅读来消除人们对语法的认知。当读者在阅读过程中意识到文本的修辞维度,那么就肯定会找到这些不能通过简约的语法来表达的意义内容。从另外一个角度来看,这也是阅读对形而上学的一种批判,促使修辞突破语法中心论而回归到语言的生成性上。

从本质上来看,人们无法回避文本中所具有的逻辑和语法结构,但文本所表达的指称意义并不能简单的被看作是通过语法、逻辑结构所派生出来的。不可否认的是,语法与指称意义是相对应的,但二者之间存在着难以化解的矛盾,比喻修辞就是二者之间背离的最好证明。简言之,修辞性的转义导致指称在差异运动过程中产生了无限偏离。因此,保罗·德曼指出,"我们称文本为任意一个可以从下述双重观点考察的实体:作为一个生成的、不尽的、非指称的语法系统和一个先天性颠覆了文本语法规则的、闭合的比喻系统。"[1]

通过上述观点可以看出,人们需要对文本的存在问题进行重新定位,即从真理式静态的语法层面转向不断生成的修辞层面。另外,不能忽视的一点是,如果没有语法,就不会有文本,同样的,如果没有修辞,也不会有文本。保罗·德曼强调修辞对语法的超越并不是对语法的否定,而是对二者之间关系的一个重新审视。

三、如何确保语法和修辞间的"张力"不被消解

保罗·德曼一方面提出修辞的地位应该超越语法的地位,另一方面他又不否认语法在文本中所不可或缺的地位,也就是说,保罗·德曼并没有从语法中心论转向修辞中心论。那么,一种解构性力量如何颠覆语言所具有的形而上学秩序,同时确保修辞和语法平起平坐呢?

其实,解构主义并不是想要从一种二元性对立转向另外一种

---

[1] Paul de Man.*Allegories of Reading*[M].New Haven and London:Yale University Press,1979:270.

二元性对立,而是要从根本上取消这种二元对立,对于语法和修辞的关系同样如此。因此,保罗·德曼提出了"语法修辞化""修辞语法化"这两种表意不确定的模式,目的在于强调语法与修辞在文本中彼此交涉导致意义的含混、冲突、矛盾。事实上,修辞、语法二者之间的对立关系是人为设定的,目的就在于确保语言和文本的稳定性,也正是这一原因导致人们片面的理解语法形式。从本质上来看,修辞、语法二者具有两个相同的因素:劝说与转义,可见二者并不是对立关系。

学者米勒提出,"从古希腊开始,修辞这一学科一直具有两个分支:其一,研究说服能力,即人们如何使用词语;其二,研究语言运作,尤其是对语言转义方面的研究,包括各种修辞手段,如隐喻、提喻、换喻、转喻、引申、夸张、拟人等。"在历史上,这两个方面往往被人们区别对待,导致了修辞学地位极其尊严所具有的矛盾状况。

一方面,修辞学是人们思想观念能够想象到的最深远辩证思考的基础;另一方面,修辞学是演说中欺骗性语法的卑微侍女。由此可知,修辞学的转义与劝说这两个方面是始终被割裂开来的,劝说是话语或者辩证法的基础,但转义又暗中对这一基础进行了破坏。

保罗·德曼在《符号学与修辞》中提出,转义被结构主义学派收编在语法部分,将转义以及修辞格的研究转变为句法研究,修辞研究自然就成了语法模式的一种附属品,而劝说被归入语法范畴则主要是言语行为理论,语言中的表达言外之意的如命令、假设、疑问等行为可以完成劝说功能。既然修辞学所具有的劝说功能是作用于他人的实际行为,并不是语言内部的转义,那么就可以看出语法言外之意的领域以及修辞学言后之果的领域之间的连续性。可见,结构主义将修辞的转义功能归入语法范畴中,而将修辞的劝说功能归入到言语行为理论中。

第四节 学习修辞的意义和方法

对于每一位语言学习者而言,都不可忽视对修辞知识的学习,全面、透彻的掌握修辞知识可以大大提升学习者使用语言的综合能力,促使他们在交际过程中可以得体、流利的使用自己所学习的语言。可见,学习修辞的意义是十分重大的。为此,本节就来探讨学习修辞的意义和方法。

一、学习修辞的意义

学习修辞并不是让人们了解和掌握一门知识、一种修辞手法。更重要的是,通过修辞学习,可以大大提升人们的书面表达水平和口语表达水平,并促使他们锻炼自己的分析和理解能力,提升自己的写作和阅读素养。具体来说,修辞主要具有如下几点意义。

(一)提高语言运用能力

如果掌握了修辞的规律和技巧,并且能够对这些规律和技巧进行灵活的使用,那么将有助于提升表达的效果。某一民族的语言是否具有表现力,在很大程度上说是能否使用修辞手段,且使用得是否比较恰当、完备。因此,在进行言语和写作时,对修辞手法进行恰当和巧妙的使用会获得更高的修辞效果。对于学生来说,使用修辞手段可以提升自己的阅读和写作素养,提升自己的写作和话语艺术。

(二)增强语言分析和理解能力

无论在中国,还是在西方,存在很多的经典文学故事,如莎士比亚的歌剧、鲁迅的文章等。读者在进行阅读时,如果缺乏相关的修辞理论知识,那么就很难对这些经典文学故事进行理解和欣赏,也很难体会文章之美,如果不具备足够的分析能力,那么也很难理解这些文章的内容。因此,对修辞理论知识和技能的学习和掌握,有助于提升对语言进行分析和理解的能力。

(三)提升口语表达能力

在日常生活中,人与人之间的交往离不开口语的表达,因此口语在人们的生活中至关重要。如前所述,修辞本身是一门艺术,如果对修辞手段进行恰当使用,能够使语言表达更具有生动性。随着经济全球化进程的加快,国与国之间的交往活动也日益频繁,开放性的社会使得对口语表达能力提出了更高层次的要求。也就是说,如果一个人不善言辞,那么他将会被这个社会淘汰。在口语交际中,各种修辞艺术的使用,可以有效提高口语表达的能力和层次,让他们在国家交往中占据一席之地。

(四)提升写作能力

修辞与写作之间关系密切,修辞是写作的手段,在写作中意义非凡。在具体的写作中,由于语言素材复杂多样,语言的表达形式也是多种多样的,面对如此多样化的语言素材和表达形式,如何对材料和手法进行选择是最关键的部分,如何选择才能使文章更加生动、形象是人们需要思考的问题,但是修辞恰好能够解决这一问题。也就是说,修辞是解决这些问题的最好手段。

在具体的写作过程中,修辞可以运用于写作的各个角落和阶段,甚至贯穿于写作的整个过程。例如,确定主题、安排句式、选择词语、展开段落、衔接语篇、形成风格等,这些都与修辞密切相关。

(五)激发学习兴趣

修辞的使用使语言更具有优美性,当学生在阅读优美的诗歌、句子、散文时,那些具有节奏感和感染力的语言更能引起学生的注意和兴趣。例如：

  Twinkle,twinkle,little bat!
  How I wonder what you're at!
  Up above the world you fly!
  Like a tea-tray in the sky!
  小小蝙蝠眨眼睛，
  你在干嘛我说不清，
  高高在上把翅展，
  好似空中一茶盘。

上述诗歌采用了仿拟修辞手法，节奏鲜明，读来朗朗上口，能有效吸引学生的注意力，激发学生的阅读和学习兴趣。

二、学习修辞的方法

合理使用修辞有助于交际的顺利进行，因而人们需要随时随地主动去掌握修辞方面的知识，进而利用修辞理论来指导自己的交际实践。人们学习修辞的方法是多种多样的，如通过与他人的日常交流来积累修辞用语；熟记他人使用而自己并不知晓的修辞表达方法；勤于分析自己在学习修辞过程中的不足之处，或者谨记自己曾经所使用的不当修辞表述……这些都是学习和积累修辞知识的有效方法。

（一）加强修辞方面的素养

修辞作为一种言语行为，本身是为了帮助人们之间更好地开展交际。学习者可以通过多种方式来提升自身的修辞素养，如掌握修辞体系的理论基础知识内容，或者广泛了解与修辞学相关学科的知识内容，拓宽自己的眼界。作为一门体系完善的学科体系，修辞在历史的发展与演变过程中已然形成了相对成熟的理论内容，学习者首先需要做的就是把握修辞的原则、性质、具体修辞格的主要内容、合理选用词语和句式以及不同语体中所具有的风格等知识。

修辞在使用过程中会涉及其他方面的知识,学习者除了要提升自身的语言基础知识的运用能力之外,同样需要掌握修辞邻近学科的知识。例如,修辞与语言学的各个分支学科关系十分密切。

(1)掌握语音知识可以帮助学习者准确、快速地理解词语的音调、节奏等,从而对这些内容进行合理调配。

(2)掌握词汇知识可以帮助学习者快速理解词汇所传达的本义、语体意义等。

(3)掌握语法知识可以帮助学习者了解词语、句子所具有的语法功能,从而在句子、段落、语篇中合理使用修辞。

此外,逻辑学、哲学、美学等学科的知识同样有助于提升学习者的修辞素养,因而学习者可以根据自己的学习需求来合理安排自己的学习时间和学习内容。简言之,学习者只有广泛涉猎与修辞相关的多学科知识,才能有效增强自己的修辞运用能力。

(二)借鉴积累,向典范的文章和作品学习修辞

通过学习、借鉴他人在写作过程中的可取之处,可以令学习者在学习修辞的过程中少走很多弯路。人类社会在发展与进步的过程中离不开学习、借鉴、模仿,正是在这样的提升过程中人类得以快速成长。另外,学习和借鉴也是创造能力的基础。对于学习者而言,可以通过多种途径来借鉴和学习修辞知识,如可以通过日常生活中与他人的交流来积累修辞知识;可以通过大量阅读来学习修辞知识。

对于这两种方法而言,后者更加快速、高效。学习者可以合理安排自己的空余时间,多阅读一些世界上的经典名著、文学作品,从中汲取各种运用的出神入化的修辞手法,在丰富自身感性修辞知识的基础上提升文学的整体修养。

我国著名学者矛盾曾经在自己的著作《杂谈艺术修养》中这样论述:"阅读名著至少要三遍,第一遍是快速浏览,对名著有一个整体上的建构;第二遍则需要'细嚼慢咽',慢慢读下来,注意各个章节之间的结构安排;第三遍则要比第二遍更加细致地阅读,主要把握文章中的炼句、炼字。"阅读名家名篇是学习者掌握修辞知识最快、最直接的途径,因为经典名著中通常使用大量的修辞技巧,通过对这些修辞手法的品味,可以帮助学习者快速认识修辞的本质,在丰富自己修辞知识的基础上提高修辞素养。例如:

In November a cold, unseen stranger, whom the doctors called Pneumonia, stalked about the colony, touching one here and there with his icy fingers. Over on the east side the ravager strode boldly, smiting his victims by scores.

(O. Henry: *The Last Leaf*)

该例中所使用的修辞手法是拟人,作者将一些常用来形容人的词语描述了疾病——肺炎,如 stranger, ravager, fingers, stalk, touch, stride, smite, boldly 等,通过拟人手法的使用,将肺炎带给人们的恐惧以及其猖獗的形象惟妙惟肖地表现了出来。学习者读完这段话之后就可以清楚的了解拟人修辞手法的功效,进而会在以后的人际交往中尝试使用这种修辞表达方式。

学习修辞是一个长期积累的过程,没有捷径可走,也不能一蹴而就。学习者首先需要扩大自己的词汇量,然后熟记各式各样的修辞句式,掌握不同句式的使用条件以及用法,在以上知识的基础上去学习日常生活中常见的修辞格,熟悉这些修辞格的长处、特点、使用等,如排比修辞格可以表达很强的气势;比喻修辞格比较形象;对偶修辞格十分整齐;仿拟修辞格带有幽默性;双关具有含蓄性等。学习者在积累大量修辞知识之后,就可以在口语表达以及写作过程中使用这些修辞形式,丰富自己的语言表达方式,满足交际的需要。

(三)勤学多练,进行大量的语言实践

修辞学作为一门学科,具有较强的实践性特征,学习者需要将自己所掌握的修辞知识运用到实践中去,与实践紧密结合,如

此才能学以致用。大致而言,修辞实践的途径主要有两种,即口头表达、书面表达。简言之,学习者需要在口语以及书面语中多使用修辞手法,在修辞实践过程中锻炼和提升自己的语言表达能力。

生活在社会群体中的人类每天都需要同他人打交道,用语言进行交际,在此过程中必然离不开修辞手法的使用,换言之,人们使用语言的过程也是修辞实践的过程。个人所具有的性格、学识、修养等一般会通过言语行为体现出来,因而在人们的日常交际过程中,根据交际的现实需求,学习者需要有意识地进行口头表达上的训练,掌握口语表达的技巧与规律,然后结合自己所掌握的修辞表达方式,逐步提升自己口头语言的表达能力。

对于写作而言,学习者需要在写作过程中注意选用最佳的词语进行表达,注重对句式的修饰与调整,同时合理使用修辞手段。在完成写作之后,学习者可以将自己所写文章中的修辞单独进行分析和研究,将修改前后的修辞形式进行对比,找出二者各自具有的优势和不足,从而深入体会运用不同修辞手法的差异。列夫·托尔斯泰是俄国十分著名的作家,他曾经说道:"写作而不加以修改,这种想法应该永远摒弃。三遍四遍——那还是不够的。文章修改,一看主旨,二看结构层次,三看语言,尤其是修辞的运用,都需要进行积极的实践。"[1]这位著名作家不仅这样提议,同样在写作过程中也做到了反复修改,如在写《复活》这本著作的过程中,对描写女主角玛斯洛娃所使用的表达手法进行了20次修改,经过精雕细琢之后才达到自己满意的程度,从而为广大读者描绘出一个鲜明、生动的女主角形象。

(四)注重创新,避免因袭

语言会随着社会的发展而发展,修辞同样也不例外。一些修辞手法随着环境的改变而被赋予了新的含义和内容,如"红杏枝

---

[1] 胡吉成.修辞与言语艺术[M].北京:中央广播电视大学出版社,2005:5.

头春意闹"中的"闹"字本来的意义是"喧哗、热闹",主要用来形容人或动物的行为,但在上述诗句中则用来形容植物,显然使用的是拟人手法,通过这个"闹"字将杏花所带来的春意描绘的具有动感、活力。

因此,学习者在掌握修辞知识的过程中应该进行适度创新,不要拘泥于固定的修辞形式,也就是说,学习者需要在已有修辞知识的基础上,通过新颖的构思来加工、润色语言,不可一味因袭古人的修辞表达方式,如此才能给人耳目一新的感觉。需要说明的一点是,创新并不意味着猎奇,不可将"怪异"的表达当作创新,这是一种误解。"创新"修辞的目的在于最大限度的实现语言中的美,追求富有生命力的语言艺术表达方式,"怪异"只有奇,没有美,因而并不可取。

(五)注重表达内容和语言形式的统一

学习者在应用修辞的过程中需要做到内容与形式的完美统一。对于内容与形式的统一而言,我国古人就有这方面的意识,如"情欲信而辞欲明",意思就是说所表达的思想内容必须真实可信,所采用的文辞手法要巧妙、优美,文章从整体上做到表里如一,即内容与形式的完美结合。《周易·乾》中记载了"修辞立其诚"这样的说法,意思就是使用修辞的根本是真诚,采用踏实的态度来表达真切的思想内容。

对于学习者而言,不管是书面语还是口语,所表达的内容必须真实、准确,这是交际顺利进行的保障,是第一位的。使用修辞的最终目的在于生动、鲜明、准确、深刻的表达自己的信息和感情。因此,修辞在使用过程中要求真,不可浮夸或作秀。只有内容表达真实,才能真正发挥修辞手法的效用。如果使用修辞仅仅是为了追求辞藻的华丽,炫弄文字游戏,忽视文字和思想的真实情况,那么必然无法达到满意的修辞效果。

在交际过程中,学习者切忌片面追求语句的华丽而忽视内容的真实,这样的修辞手法是毫无意义的,这种哗众取宠的行为也应当受到批评和抵制。学习者在进行语言交际的过程中,运用修辞表现手法实现语言表达的生动性、新奇性、明快性,可以避免表达内容的枯燥性、平淡性、晦涩性等,有效激发另外交际一方的联想意识,增强语言自身的表现力以及艺术美感,实现语言内容与形式上的完美统一。

(六)广泛地运用比较的方法

我国著名学者鲁迅先生曾经提出:"应该这样写,必须从大作家们完成的作品中去领悟,那么不应该写的这一面,则需要从大作家同一作品的未定稿中去学习了。"也就是说,学习者在学习修辞的过程中可以通过比较、判断等方式来选取最恰当的修辞手法。

(1)比较同一个作家的不同作品。

(2)比较不同作家的类似作品。

(3)语音修辞、词语修辞、结构修辞格各有不同的比较重点。

学习者在进行以上三个方面的比较后,可以初步确定最合适自己的修辞表达方式,最终实现将最优美的语言表达呈现给读者的目的。

第四章 实用文体写作的理论探究

任何研究的发展都需要有一定的理论作为基础,英语实用文体写作也不例外。本章将重点对英语实用文体写作的相关理论进行探究,首先分析实用文体写作的理论依据,进而探究实用文体写作的规律,以期能够为现代英语实用文体写作实践提供理论上的指导。

第一节 实用文体写作理论依据

随着对实用文体研究的不断深入,建构主义理论、语篇衔接理论、主述位理论、对比分析理论、错误分析理论等写作学习理论因各自的独特性而不断受到学者们的关注。由于这些理论都是围绕教学或学习展开的,因此本节就从教学的层面来分析这些理论依据,以便更系统地指导实用文体写作。

一、建构主义理论

(一)建构主义理论的背景

20世纪90年代,建构主义理论在美国兴起,它是多学科交叉发展的必然结果,具有体系复杂、流派众多等特点。由于受不同思想来源、不同学科的影响,不同的研究者有着不同的理论倾向,因此形成的建构主义理论也有所差异。但是,综合所有的建构主义理论发现都有一个共同观点:知识是由认知主体主动建构的过程,而不是被动获得的,这一观点也就成为了建构主义的第一信条。

建构主义理论的目的不仅在于将人类认识的能动性揭示出来,还在于将人类认识对经验、环境等的作用揭示出来,并且强调认识会随着环境的改变而改变,这些对于教学而言有着十分重大的意义。因此,建构主义理论越来越成为国内外深化教学改革的重要指导思想。

建构主义理论的演进非常复杂,其思想源自于18世纪初意大利学者维柯、哲学家康德的理论,但是皮亚杰与维果斯基(Vogotsgy)是建构主义学习理论的先驱。

1. 皮亚杰的建构主义理论

皮亚杰指出,儿童是在与周围环境的互动中,逐渐建立起对外界的认知,从而促进自身知识结构的发展。儿童与周围环境的互动需要经过两个过程。

(1)"同化",即个体把外界刺激所提供的信息整合到自己原有认知结构内化的过程。

(2)"顺应",即个体的认知结构因受到外部的刺激而不断发生改变的过程。

"同化"是认知结构数量的补充,而"顺应"是认知结构性质的改变。可见,这二者存在着明显的区别,就在于质与量上。通过同化与顺应,认知个体可以实现与周围环境的平衡。当儿童能够运用固有图式对新信息进行同化时,他们就处于一个平衡的状态;而如果儿童无法运用固有图式对新信息进行同化时,他们的平衡就会被破坏,因而不得不对图式进行修改或者创造新的图式。儿童的认知结构就是通过同化与顺应过程逐步建构起来的,并且在"平衡—不平衡—新的平衡"这样一个循环中得到不断地丰富、提高与发展。

2.维果斯基的建构主义理论

苏联著名心理学家维果斯基被认为是建构主义理论的鼻祖。他认为,文化在学习者认知发展过程中十分重要,并提出"最近发展区"这一著名论断。

维果斯基对个体发展的两种水平进行了区分。

(1)现实的发展水平,即学习者通过个体努力而达到的水平。

(2)潜在的发展水平,即学习者个体在他人的帮助下所达到的水平。

"最近发展区"是现实发展水平与潜在发展水平之间的区域。在这一理论基础上,以维果斯基为首的维列鲁学派还对"活动"以及"社会交往"对人的高级心理机能发展的作用进行了深入的分析和探究。总之,维果斯基等人的研究就是对建构主义理论的丰富和强化,为建构主义理论应用于教学提供了一定的理论指导。

(二)建构主义理论的主要特征

建构主义理论主要具有以下特征。

(1)建构主义强调学习者之间的相互交流,主张学习者在互动的作用下实现对目的语的主动学习。互动是运用语言和进行语言实践的基础。

(2)建构主义强调语言学习与学习者本身的社会经历之间的联系。将语言学习与学习者的社会经历相结合有利于促进学习者对目的语的有效掌握,使语言学习更具有实际意义。

(3)建构主义强调学习者与教师之间的互动,强调教材对学习者的重要作用。这在一定程度上改变了教材的编写方式以及教师在课堂教学中的角色,并对教学设计提出了更高的要求。建构主义理论指导下的教学设计除了要考虑教学的目的之外,还要考虑利于学习者意义建构的情境问题。教师要将创设情境看作是教学的重要内容。

(三)建构主义理论在实用文体写作中的运用

由于建构主义理论倾向于教与学,因此其对实用文体写作的作用更倾向于实用文体写作教学。在传统的实用文体写作教学中,教师往往占据支配的地位,而建构主义理论指导下的实用文体写作教学要求重新定位教师的角色。这是因为,实用文体写作本身是写作者建构的过程,因此写作者在实用文体写作中占据主导地位,这也便于写作者从被动状态中转变出来,并积极地进行写作。在建构主义理论的影响下,现代实用文体写作教学呈现如下两大教学模式。

1.小组合作学习和辅导模式

在小组合作学习过程中,学生所体验的解释、询问等过程对于形成优秀的实用文体写作而言有重要作用和意义。当学生合作或者共同谋划一篇实用文体类的文章时,他们往往会将各种经历展现出来,而这种共享式的合作恰好可以让学生就实用文体写作的内容、方法获取新的认知。如果学生仅仅是为了实现教师的期望而完成该写作,那么这样的写作会缺乏创造性,甚至很容易出现抄袭的情况。但是,在小组合作写作中,教师的作用被弱化,变得不是很明显,学生在实用文体写作中成为有效的辅导者。

2.脚手架模式

脚手架模式是实用文体写作教学的一种有效模式。支架式的教学应该为学生建构对知识的理解提供一种概念框架,而这种框架中的概念主要是为了提升学生对问题的进一步理解而设置的。因此,首先应该将复杂的写作任务进行分解,便于写作者的理解更加深入。

这两种教学模式主要呈现了建构主义对实用文体写作教学的意义,但也渗透着对于实用文体写作的意义,即要想完成一篇优秀的实用文体写作,少不了其他人的参与,无论是辅导还是帮助、协作,这些人都是必不可少的,其主要目的就是为了实现实用文体写作思维的建构。

二、语篇衔接理论

(一)语篇与衔接的概念

在语篇衔接理论中,语篇与衔接是两个非常重要的概念。

1.语篇的概念

关于语篇的概念,不同的人理解也不相同。就广义上来讲,语篇包含两种:一是话语;二是篇章。一般来说,语篇指的是任何长度的、语义完整的、逻辑连贯的、具有一定意义的段落,且其可能是具有一定交际目的的口语,也可能是书面语。

夸克(Quark)认为,"篇章是实际使用中得当连贯的语言片段。"这个定义有其高明之处:一是指出篇章是"语言片段",因而就有语法形式衔接的问题,而且既是片段,就可长可短,并非都句群不可,也并非都"无始无终";二是指出篇章要在"实际使用中","得当连贯"这就明确了篇章研究必然主要是语义语用方面的研究。[1]

人们从不同的角度对语篇进行研究,往往会呈现不同的结论。有人将语篇视为各种超级句子的集合,这是因为词汇与小句之间、句子与句子之间、句子与语篇之间存在着一样的关系,都是通过小单位构筑成大的单位。

可见,语篇是一种社会文化现象,是人们在实际生活中不断运用到的真实语言,其并不是一些不相关的句子进行简单的堆砌,而是将一些相关的词汇、句子进行有机的组合,构筑成一个有机结合体。需要指出的是,语篇所表达的并不是形式,而是意义。无论任何一段具体的语言,其在某一语境下,都可以呈现为一个

---

[1] 许连赞.篇章语言学和阅读教学[J].外国语,1989(4):57.

统一体而起作用,最终构成一个具体的语篇。

2.衔接的概念

1962年,英国语言学家韩礼德(Halliday)提出了"衔接"这一概念,并在他的《英语中的衔接》(*Cohesion in English*)一书中对"衔接"进行了界定,即"衔接是组成语篇的一种非结构性关系。"他还指出,语篇是一个语义单位。

所谓衔接,是指语篇中的不同成分之间在意义上相互联系的现象。这种联系的表现方式可以不同,可能是存在于同一句子内部的不同成分之间,也可能是存在于两个相邻的句子之间,还可能是存在于距离较远的两个成分之间。

语篇中对某一成分的解释取决于另一种成分的解释,这时就出现了衔接。语篇衔接是语言系统的一个重要组成部分,且衔接的条件就在于语言本身具有的照应、省略等系统手段。换句话说,衔接手段是通过词汇语法系统来呈现出来的。

(二)语篇衔接的形式机制

经过韩礼德、哈桑和胡壮麟的研究,宏观上说语篇内部的衔接机制已经趋于完善,并形成了一套完整的系统。概括地说,语篇的衔接机制可以用表4-1表示出来。

表4-1 语篇的衔接机制汇总

非结构性衔接			
成分关系			有机关系
	手段	关系	
语法手段 (概念与人际)	照应(代词、指示、定冠词、比较)	同指	连接(原因纽带、让步纽带等)
	替代与省略(名词性、动词性、小句性)	同类	邻近配对(问答、给予/接受、命令/服从等)
	情态(对应、接续、对比)	同类或同延	

续表

成分关系				有机关系
手段		关系		
词汇手段（概念与人际）	概括（重复、同义、反义、转义、上下义、整部义）	同类或同延		延续（更、已经等）
	例证（对等、命名、相似）	同指或同类		
语音手段	衔接	级阶	音位 音节 音步 语调	语调谐和押韵
		方式	重复 配对 对比	
结构衔接				
概念结构	及物性结构			
人际结构	语气结构			
谋篇结构	平行对称结构 主位—述位结构 已知—新信息结构			
跨类衔接	语法与词汇 语法与语调 词汇与语调			
语篇与语境的衔接				
媒体位置	社会文化与共知信息 即时语境			
媒体方式	形式预设 意义空缺			

（资料来源：张德禄，2012）

（三）语篇衔接理论在实用文体写作中的运用

写作者应该遵循循序渐进的原则，学会应用语篇衔接理论，将英语教材与衔接理论相结合,从而锻炼自己应用语篇衔接手段的能力和意识。

1.对衔接手段的介绍与识别

在进行实用文体写作中,写作者应该对省略、照应等各种衔接手段有一个清楚的认识。他们首先应该系统地学习衔接手段的相关知识,如衔接的概念、衔接手段的分类、衔接手段的用法等。其次,他们应该选取一些实用文体类的文章或者段落,识别其中的衔接手段,并对其进行解释,以达到对衔接手段更深层次的认知。

2.对衔接手段的训练

在实用文体写作中,写作者学会使用衔接手段是非常重要的。但是,他们应该循序渐进、按部就班的提升自己的衔接意识。例如,写作者可以通过练习题的形式,帮助自己掌握衔接手段,练习的题目可以是完形填空,可以是衔接词汇替换,还可以是句子组合等。通过循序渐进的训练可以帮助自己奠定实用文体写作的良好基础。此时,写作者可以找一些段落或作文的写作任务等,帮助自己熟练掌握并灵活运用衔接手段。

三、主述位理论

(一)主位和述位的概念

捷克语言学家、布拉格学派创始人之一马泰休斯(V. Mathesius)较早提出了主位(theme)和述位(rheme)的概念,目的是对句子中不同成分在语言交际中的作用进行研究。在马泰休斯看来,那些位于句首的、在交际中充当论述起点的成分被认为是"主位",而其他成分被认为是"述位"。

以韩礼德为代表的系统功能学派接受了布拉格学派的上述

观点,但是其在主位的划分上,提出的看法并不相同。在韩礼德看来,就语言的交际功能而言,任何句子、话语都包含主位与述位,其中主位占据句子的第一成分,是句子传达信息的起点;述位主要是对主位进行叙述,是句子传达信息的描写和说明,是叙述的核心。

在系统功能语法中,呈现语篇功能的句子内部结构一般包含两种:一是句子的信息结构;二是句子的主述位结构。主位与述位的反复衔接是实现语篇衔接、保证语篇连贯的重要手段。主位包含无标记主位,也包含有标记主位。在无标记的情况下,陈述句的主位往往是名词短语,祈使句的主位是动词的祈使形式等。

韩礼德关于主位和述位概念的论述主要是基于语法主语、心理主语、逻辑主语这三种传统主语功能之上的。其中,心理主语就是发话人发出话语时心目中的起点。

(二)主位推进模式

每一个句子都有自己的主位,当某一句子单独存在时,其主述位是固定的,不会因此而发生改变。但是,正是因为没有上下文,其主述位又是孤立的,所以没有发展性。但是,绝大多数语篇的构成都包含两个及以上的句子,这时前后句子的主位与主位、主位与述位、述位与述位就发生了明显的变化,这种变化就称为"主位推进"(thematic progression)。整个语篇随着语篇中各句主位的向前推进而逐步展开,直至形成一个能够表达某一完整意义的整体。由此可见,主位推进是语篇连贯的一个重要方面。对于主位推进模式,语言学界有着不同的观点,具体常见的有如下几种。

1.主位同一型模式

主位同一型模式又称为"平行型模式"或"放射型模式",就是语篇中句子的主位相同,但是述位不同。该模式可以表示为:

$$T_1 \to R_1$$
$$\downarrow$$
$$T_2(=T_1) \to R_2$$
$$\downarrow$$
$$T_n(=T_1) \to R_n$$

(注:T 代表主位,R 代表述位,下同)

2.延续型主位推进

延续型主位推进是指语篇中第一个小句的述位充当第二个小句的主位。该模式可以表示为:

$$T_1 \to R_1$$
$$\downarrow$$
$$T_2(=R_1) \to R_2$$
$$\downarrow$$
$$T_n(=R_{n-1}) \to R_n$$

3.交叉型主位推进模式

交叉型主位推进模式是指语篇中上面一个小句的主位充当下一个小句的述位,当然也会引起主位的改变。该模式可以表示为:

$$T_1 \to R_1$$
$$\downarrow$$
$$T_2 \to R_2(=T_1)$$
$$\downarrow$$
$$T_n \to R_n(=T_{n-1})$$

(三)主述位理论在实用文体写作中的运用

主述位理论在写作中的应用非常广泛,其在实用文体写作中也不例外。具体而言,实用文体写作中可以从如下两点着手。

1.学会利用标记主位

主位推进模式是整个语篇内容的框架,在实用问题写作中,如果写作者能够不断提升自己对几种基本模式的运用，并且与语篇衔接手段相结合，那么就必然会提升实用文体写作的水平。

在具体的实用文体写作实践中，利用标记主位可以帮助自己的写作句式更加多样性。一般而言，标记主位在语篇中可以起到如下几点作用。

（1）具有修辞和强调的作用。

（2）具有承上启下，前后呼应的作用。

（3）具有保持句子结构平稳的作用。

请看下面的段落。

The factors leading a great increase in teenage smoking are both external and internal. For one thing, with the improvement of living standard, teenagers have more pocket money to buy cigarettes. For another, with so many advertisements around them, teenagers are easily tempted.

上述段落中对标记主位与非标记主位进行了交替使用，介词短语 with the improvement of living standard 和 with so many advertisements around them 置于句首的位置，不仅是对作者意图的强调，还避免因使用相同的主位而造成重复和枯燥。段落中 For one thing 和 For another 语篇主位的使用使得语篇的结构与脉络更加清晰，并起到了明显的承上启下的作用。

2.学会利用主述位理论

在实用文体写作中，写作者应该恰当使用主述位理论，目的是提升自己的语篇连贯性意识，避免因为汉语思维的影响而出现写作失误。由于受汉语思维的影响，中国写作者往往习惯于依靠汉语的"意合"原则来进行英语写作的谋篇布局，同时主位推进模式的频繁变换也使得语篇信息结构非常复杂。

在实用文体写作中，采用不同的主位推进模式能够更好地将写作思想和意图展现出来。一般来说，在书面语篇写作中，比较典型的信息结构是已知信息在前，新信息在后。而通常主位所载的信息是已知信息,述位所载的信息是新信息。随后,如何支配句子前后各部分的问题就出现了。一般情况下,支配信息的方式是:已知信息→新信息。

因此,写作者在运用主述位理论进行实用文体写作时,首先需要对语篇进行分析和研究,进而发现句子之间在思维内容上的练习,从而避免因为同一句子多次使用主述位转换而出现不自然的情况。

四、对比分析理论

(一)对比分析理论的背景

对比分析理论与英语教学实际需要的发展密切相关,一定程度上可以说,对比分析就是为了解决外语教学中语言间的差异而产生的。对比分析理论的产生有其语言学基础和心理学基础。

1.语言学基础

以布洛姆菲尔德(Bloomfield)为代表的结构主义语言学派主张在语言的系统中研究学习者的母语学习和二语的语音、词汇、语法等的学习。语言是一个系统,学习外语的过程就是在母语系统与二语系统学习的对比中,发现其异同点。

对比分析理论是结构主义语言学派理论在外语教学中的创新和发展,与语言学和语言学理论的变化发展关系密切。

2.心理学基础

(1)刺激—反应理论。行为主义心理学中的"刺激—反应理论"的代表人物是沃森和斯金纳(Watson & Skinner)。他们认为,人的行为反应与所受到的身体内部的刺激或外部环境的刺激有关。因此,在外语学习中,目的语系统与母语系统的相似部分越多,相异部分越少,目的语越容易被理解;相反,目的语系统与母语系统的相异部分越多,相似部分越少,目的语的学习难度越大。因此,外语教师要善于比较分析学习者的母语系统和目的语系统,发现相似或相异之处,从而准确地预测学习者的学习困难所在,更好地组织外语教学。教材编写者也要多加关注这部分困难,在训练时间和训练强度上做出适当的调节,减少或防止出现语言错误。

(2)语言迁移理论。行为主义的语言习得理论将语言的学习看作是一种习惯,而二语的学习则是在学习另外一种习惯。因此,在二语教学中,母语系统即旧的语言习惯必定会对目的语系统的学习,也就是新的语言习惯产生一定的影响。所谓"语言迁移"则指的是一种语言的学习对另一种语言的学习产生的影响。它有"正迁移""负迁移"与"零迁移"之分。正迁移是指原有知识能够对新知识的学习产生促进推动的作用,母语中与外语中相似的习惯、模式、规则等能够促进外语的学习,产生正向的迁移。负迁移是指原有知识对新知识的学习产生了阻碍干扰的作用,母语中的某些语言习惯、表达模式、规则等影响了新语言习惯的形成,产生了负向的迁移。零迁移是指母语与目的语的语言任务完全不同,两种语言之间的表达形式差距巨大,以至于外语学习者认为这两种形式毫无共同之处。❶

行为主义心理学认为,学习者在外语学习过程中所犯的错误即是语言负迁移的结果。因此,教师应在外语教学中想方设法促进语言的正迁移、纠正甚至防止负迁移的产生,并通过比较学习者的母语和目的语,预测学习者可能会遇到的学习困难,对此重点讲解,针对性练习,帮助学习者养成新的语言习惯。

(二)对比分析理论的概念

对比分析(Contrastive Analysis,简称 CA)研究兴起于 20 世纪 40 年代,在 20 世纪五六十年代得到盛行。受语言学和心理学

---

❶ 张利.浅析对比分析理论对外语教学的影响[J].外语教学与研究,2012(27):76.

研究的影响，人们一度认为通过比较学习者的母语和目的语，预测学习者可能会遇到的学习困难以及会出现负迁移的部分，在外语教学中对此重点突出，就可以达到减少甚至避免出现语言错误的目的。但是，从20世纪60年代末开始，对比分析研究的心理学基础渐渐受到了批评和质疑。有人提出，母语中与目的语中有差异的地方更容易被学习者接受和掌握，而差异不明显的地方反而难度更大。对比分析逐渐被错误分析（error analysis，简称EA）和中介语（interlanguage，简称IL）研究所取代。到了20世纪80年代，对比分析研究对语言学和外语教学的重要贡献重新得到了人们的关注，并开启了对其新领域的探索。

现代意义上的对比分析研究是以1957年美国语言学家罗伯特·拉多（Robert Lado）出版的世界上第一部对比语言学专著《跨文化语言学》（*Linguistics Across Cultures*）为标志的。他对对比分析的研究很大程度上受到了瓦恩里希和豪根（Weinreich & Haugen）关于移民双语现象研究的影响。不同的是，瓦恩里希和豪根关注的是移民所习得的第二语言对其母语的影响，而罗伯特·拉多研究的是学习者在二语学习中母语对二语学习产生的影响。罗伯特·拉多提高了对比分析研究在外语教学中的重要地位，其著作的出版也成为对比分析理论建立的标志。

罗伯特·拉多曾提出一个著名的论断：目的语与母语中的相似成分对他来说是简单的，相异成分对他来说是困难的。这一理论主要包括以下内容。

(1) 学习者的母语与目的语是可以进行对比的。

(2) 通过对比学习者的母语与目的语中的差异，能够预测可能会引起学习困难的语言项目及可能会出现的语言错误。

(3) 通过对比分析中的预测对外语课程和教材中相应的项目进行调整。

(4) 在相应的项目中，可利用强化手段，如重复练习或操练等来克服母语的干扰，形成新的语言习惯。

在对比分析研究的初期，罗伯特·拉多曾说："一个对外语和学生母语进行过对比比较的外语教师将能更好地了解真正的问题所在并能设法解决这些问题。"❶但是,从 20 世纪 60 年代后期开始,对比分析研究中对学习者错误的预测能力逐渐受到了一些语言学家的批评。最主要的批评之一就是对比分析研究中将"差异"(difference)与"困难"(difficulty)相等同。但是,"差异"是语言形式上的,而"困难"则是心理学上的,这两个概念没有任何的心理学概念可以将其连接起来。此外,对比分析理论认为,学习者在外语学习过程中出现的所有错误都是由母语知识产生的负迁移引起的,但是经过大量的研究和实验表明,母语中与目的语中有差异的地方更容易被学习者接受和掌握,而差异不明显的地方反而更容易犯错误。

(三)对比分析理论的发展阶段

对比分析理论的发展经过了强假设、弱假设和折中假设三个不同的发展阶段。

1.强假设

强假设阶段以罗伯特·拉多和弗里斯(Fries)等语言学家为代表。罗伯特·拉多主张通过学习者的母语与目的语的对比分析可以预测学习难点,在其书中他也提出了两种语言系统的不同层级之间的具体比较模式:(1)描述两种语言系统;(2)选择一种语言特征;(3)对比两种语言系统中的此种语言特征;(4)根据对比的结果预测或解释二语学习中的错误。❷

弗里斯倡导对学习者的母语与目的语进行详尽的对比分析,并认为根据对比分析结果编写的教材具有更好的教学效果。

强假设阶段的研究结果主要体现在以下几点。

---

❶ 转引自束定芳,庄智象.现代外语教学:理论、实践与方法[M].上海:上海外语教育出版社,2008:59.

❷ Lodo R. *Linguistics across Culture*[M]. Ann Arbor: University of Michigan Press,1957:129.

(1)将学习者在外语学习过程中遇到的主要难点或所有难点都归结于学习者的母语与目的语之间的差异,差异越大,难点越多;差异越小,难点越少。

(2)母语与目的语之间的详尽对比分析可以预测学习者学习过程中可能会出现的难点,这种做法能够减小语言之间的差异,更有利于二语的习得。

(3)教材编写者们的任务就是能够编写出明确区分这些差异的教材。

(4)外语教师的任务就是明辨这些差异并应用于教学中。

(5)学习者的任务就是学习两种语言系统之间的这些差异。

20世纪70年代,受实证研究的影响,以美国心理学家斯金纳(Burrhus Frederic Skinner)为代表的行为主义心理学受到了越来越多的质疑和批评,对比分析理论的某些主张遭到了反对。有些反对者指出:"对比分析精心预测的容易出现错误的地方并没有出现错误,相反未预见的地方和内容却出现了错误。"[1]在这种情形下,弱假设阶段到来了。

2.弱假设

弱假设阶段并没有全盘否定强假设阶段的所有理论,沃德霍(Wardhaugh)在其《对比分析假说》(*The Contrastive Analysis Hypothesis*)一文中说道:不能过分夸大对比分析理论在外语教学中的作用,按照其理论编写出的教材并没有很理想的教学效果。忽视了语义和语境的对比,而仅仅对两种语言的语言结构进行对比分析是片面的,由此得出的预测也是空想。[2]

弱假设阶段主要有以下几点主张。

(1)否认对比分析理论具有预测能力,认为其只有诊断错误

---

[1] 转引自罗红霞.对比分析理论与外语教学[J].甘肃联合大学学报(社会科学版),2013(6):87.

[2] Wardhaugh R.The Contrastive Analysis Hypothesis[J].*TESOL Quarterly*,1970(4):123—130.

的能力。

（2）对比分析理论能够在学习者出现语言学习的错误以后，分析成因，解释说明。

（3）对比分析理论不需要详尽的、完整的操作系统。

（4）对比分析理论应从语言干扰型的错误入手，解释学习者母语与目的语之间的相似和相异之处。

（5）强调学习者的作用。

实际上，弱假设阶段依旧承认了对比分析理论的预测能力。詹姆斯（James C, 1980）在其《对比分析》（*Contrastive Analysis*）一书中曾说：要使对比分析成为指导外语教学的有效手段，对比分析必须具有预测能力，而对错误的诊断则是错误分析的任务。

3.折中假设

折中假设以美国加州大学语言学家 Oller 和 Ziahosseiny 为代表。他们认为强假设过于偏激，而弱假设则过于保守。同时，学习者在目的语学习中遇到的困难并不是由于母语与目的语间的明显差异造成的，而是由于两种语言间形式和意义差别最小的地方造成的。也就是说，不同语言系统间的细微差别才是干扰外语学习的最大障碍。他们在《对比分析假说和拼写错误》（*The Contrastive Analysis Hypothesis and the Spelling Errors*）一文中说到：依据所观察到的两语言间的相似和相异之处，对该两种语言的具体的和抽象的语言模式进行分门别类才是学习的基础。因而，无论是一个语言子系统内部还是多个语言系统之间，只要这些模式存在形式上或意义上的细微差别，就会产生混淆。❶

折中假设提及了语际错误（interlingua error），推动了错误分析理论的产生。

---

❶ Oller, J. W, Ziahosseiny S. M. The Contrastive Analysis Hypothesis and the Spelling Errors[J]. *Language Learning*, 1970(20): 183−189.

（四）对比分析理论在实用文体写作中的运用

从上面可以看出，对比分析理论侧重于英语学习者的研究，因此下面从写作者学习层面探究对比分析理论在实用文体写作中的运用。

对于实用文体写作者而言，掌握对比分析理论，实际对英汉语言进行对比分析，有助更好地完成实用文体写作任务。在词汇上，由于汉语词汇意义比较笼统，而英语词汇意义比较具体，因此实用文体写作中应该尽可能地采用具体词汇或者专业词汇代替一般词汇。同时，写作者还要注意词汇的曲折变化，避免出错。在语法上，由于汉语的语法较为隐含，而英语语法较为显性，因此汉语句子的主语与谓语只要求在语义上保持一致，而不需要在形式上呼应。因此，要求写作者在实用文体写作中不仅注重意义的传达，还应该保证形式的一致。在篇章上，汉语往往强调起承转合，而英语文章一般开篇点题，正文侧重于论理。这就是所说的汉语呈现螺旋型思维模式，而英语呈现直线型思维模式。因此，在实用文体写作中应该注意这一点，尤其是注重形式的联系与信息之间在逻辑上的一致性。

可见，坚持对比分析理论，有助于实用文体写作者克服母语的干扰，逐步培养自己的写作思维和水平。

五、错误分析理论

（一）错误分析理论的背景

传统意义上的错误分析在20世纪五六十年代之前就有了，也就是说，其在对比分析盛行之前就已存在了。但是，当时的错误分析仅仅针对的是教师或学习者的一般错误进行收集或分类等，只涉及语言层面，并没有进行系统深入的研究以分析这些错误的来源或成因，为二语教学提供教学指导。

现代意义上的错误分析是在对比分析理论的基础上发展起来的。它的心理学基础是认知理论,受到了乔姆斯基(Chomsky)语言习得机制和转换生成语法的影响。行为主义的语言习得理论和对比分析理论中关于错误预测的观点和解释都不能尽如人意。在此基础上,彼德·科德(S.Pit Corder)受到了母语习得中错误分析的启发,于1967年发表了《学习者错误之重要意义》(*The Sidhificance of Learner's Errors*)一文。彼德·科德是现代意义上的错误分析理论的最早倡导者。

(二)错误分析理论的概念

1."错误"的定义

学习者在实用文体写作的过程中出现错误是不可避免的现象,错误实际上伴随着写作的全过程。美国语言学家Dulay曾说:没有失误的言语并不等于正常的言语。❶ 错误在实际语言运用和真实交际过程中是普遍存在的。事实上,由于语言的复杂性和不可预测性,错误的发生也有其随机性与内隐性,到目前为止,研究者对错误的定义尚未完全达成共识。下面列举几个较有代表性的观点。

乔姆斯基在其《句法理论面面观》(*Aspects of the Theory of Syntax*)中曾提出了"运用"(performance)和"能力"(competence)两个概念。彼德·科德在此基础上将"错误"分为两类,分别是偏误(error)和失误(mistake)。❷ 偏误指的是学习者在写作的过程中由于对目的语掌握不熟练而引起的偏离。失误则是指由于某些原因致使学习者不能正确运用已经学过的目的语知识。偏误反映了学习者现时的语言知识或过渡能力,是有规

---

❶ Boomer,D.S,Laver J.D.M.Slips of the tongue[J].*The British Journal of Disorders of Communication*,1968(1):2—12.

❷ 转引自史俊杰.错误分析理论对高中英语写作教学的启示[D].上海:上海师范大学,2012:5.

律的,反映的是学习者语言能力上的欠缺;而失误是学习者在语言使用过程中随机发生的,偶然的,属于语言行为上的欠缺。偏误具有系统性,学习者常常无法自我纠正,而失误则具有随机性,学习者能够自我发现并及时纠正。

除彼德·科德外,其他学者也有不同的见解。

Chunetal 认为,根据某种语言的流利使用程度判断,语言学习者使用某语言项时反映出来的对该语言的学习仍有不足或欠妥之处就是错误。

理查德(Richards,1971)则将在以目的语为母语的人士或流利语者看来,呈现"错误或不完整的学习的特征"的"某些语言项(词汇、语法、言语行为等)"称为"错误"。❶

Chaudron 则认为不同于母语者标准或与事实不符的语言形式或内容都可以称之为错误,此外错误还包括在外语教学过程中教师指出的任何需要改进的行为。

艾里斯(Ellis)把错误定义为不符合目的语正确形式和当时语境的话语。

詹姆斯(James)将错误归为语言中不成功的部分。

综合上述多种对"错误"的认识,我们可以归纳总结出以下几点共性。

(1)错误是动态的,它包括特定语境下语言实际的运用方式的错误和行为上的错误。

(2)错误是可以改进的。

(3)错误的参照标准是目的语系统的规则体系。

2."错误"研究的意义

错误在语言学习的过程中是不可避免的,而且是必要的,其反映了学习者目前的语言程度与目的语在规则上的差异。彼德·科德曾在《异质方言与错误分析》(*Idiosyncratic Dialects*

---

❶ Richards,Jack C. A. Non-contrastive approach to error analysis[J]. *English Language Teaching Journal*,1971(3):204—219.

and Error Analysis)中提到,学习者的错误能够为语言中概念和规律的发现提供一些反面的证据。❶

总的来说,对学习者二语学习过程中的错误进行分析研究具有以下三个作用。

首先,有助于教师清晰地把握学习者语言发展的进度。通过对错误的分析,教师可以了解到学习者正处于与目的语接近过程的哪个阶段或已经掌握了哪些内容。

其次,有助于研究者们了解学习者的学习方式、学习步骤、学习策略等,为其提供一些学习者如何学习或如何习得二语的证据。

再次,有助于学习者自身的语言学习。错误也可以看作是学习语言的一种手段。学习者通过自身的错误可以来验证其对目的语本质所做的假设。

由此可见,"错误"的研究不仅有诊断、反馈功能,帮助了解学习者的学习现状,给予教学活动一定的参考;还有矫正、反拨功能,是语言学习的一种手段,学习者能够通过改正错误,不断尝试改进,从而向目的语规则靠近。

3.错误分析理论

错误分析理论弥补了对比分析理论中只关注母语与目的语的比较,而忽视了学习者本身的缺陷,开始将研究重点放在学习者的语言错误上,主要做法是通过分析学习者试图用目的语表达思想时所出现的错误,在深入理解其"过渡能力""相似系统""特质方言"或"中介语"的基础上,解释发生错误的原因,还可以进一步探索学习者的语言习得心理机制等。在错误分析的过程中,尽管仍然使用"错误"这个词,但其本身并没有"对"或"错"之分。

---

❶ Corder,S.P.Idiosyncratic Dialects and Error Analysis[J].*International Review of Applied Linguistics in Language Teaching*(IRAL),1971(2):147—160.

(三)错误分析理论的过程

关于如何开展错误分析,彼德·科德提出了以下四个步骤。❶

1.选择语料

根据语料的大小进行划分,彼德·科德将语料分为大样语料、小样语料和个案语料。大样语料的收集工作往往烦琐,工程量大,因此大多数关于错误分析的研究都采用的是小样语料或者个案语料。综合近些年的研究来看,又以小样语料居多,但随着语料库的出现,在最近几年中又出现了基于语料库这一大样语料来进行错误研究的案例,如我国学者张文忠和杨士超的《中国学习者英语语料库中动名搭配错误研究》。

2.错误识别

此阶段主要是偏误(error)与失误(mistake)的识别。关于识别二者的标准,可以归纳为两条。第一,语法规则,即关于目的语的语音、词汇、语法结构等语言层次上的知识认识不充分而引起的错误。第二,语境规则,也就是语言的使用规则。虽然语法结构正确,但是不符合交际的语境,或者因为精力不集中或粗心大意而出现的一些语言行为方面的失误。

彼德·科德认为失误才是错误分析研究的对象,但也有人提出了二者皆为研究对象的观点。

3.对错误进行分类

关于错误的分类,不同的学者从不同的认识角度有不同的看法,国内外也有许多关于错误分类的理论。下面列举几种普遍被接受的理论。

(1)彼德·科德先将错误分为语言能力错误和语言使用错误

---

❶ 梁菊宝.错误分析理论及其近 10 年研究综述[J].考试周刊,2011(14):101-102.

两类,后又进行了补充,重新划分为前系统性错误、系统性错误和后系统性错误。

(2)理查德将错误划分为三类,分别是语际错误、语内错误和发展性错误。

(3)克拉申(Krashen)等从评价的角度出发,将错误分为影响交际的全局性错误和不影响交际的局部性错误。此外,他们又根据错误的语言范畴进行分类,将错误划分为语音错误、词汇错误、语法形态错误、句子或语篇结构错误。

(4)蔡龙权和戴炜栋将错误划分为彼此相关的认知性错误、语言性错误和行为性错误。

错误的分类并不是绝对的,很多时候存在着交叉项,根据语料的特点进行分类,错误的划分才会更加合理。

4.解释错误产生的原因

解释错误产生的原因就是对错误的分析,错误产生的原因主要是围绕认知、交际、语言、情感这几个方面。总的来说,错误产生的原因有以下几种。

(1)语际迁移。母语的干扰性错误可以成为语际迁移,学习者在目的语学习过程中受到的母语中某些语言成分的阻碍作用,即所谓的"负迁移"。

(2)语内迁移。目的语的干扰性错误可以称为语内迁移,学习者在目的语学习过程中理解有误,或一知半解,语言规则掌握不熟练等。

(3)交际策略引起的错误。学习者自身的性格、交际方式、学习习惯等引起的输出错误。

(4)诱导性错误。教师的课堂教学、教材中的讲解、辅导书中的练习等人为的错误输入使学习者产生了错误的认知。

(5)心理认知因素。学习者的心理认知水平各不相同,智力水平、学习兴趣、记忆力、学习动机等都会导致错误的产生。

(四)错误分析理论在实用文体写作中的运用

在实用文体写作中,错误分析理论的运用也有着巨大的意义。因此,写作者应该掌握恰当的技巧将错误分析理论的作用发挥出来。

1.注重词汇、语法中的错误

从实用文体写作的情况来看,词汇、语法层面的错误比较多。大多数人语言知识不够系统,这就限制了他们对实用文本内容完整的表达。因此,在实用文体写作之前,写作者应该有意识地学习一些常用的实用文体词汇以及在该实用文体中的搭配方式。同时,还需要在具体的文体中进行词汇的学习,增强对该词的认知效果。

2.扩大输入量

写作者为了更好地进行实用文体写作,还需要不断扩大自己的输入。其中,比较有效的途径就是:背诵或者选择性地阅读一些杂志、报刊等。首先,背诵有助于加深他们对目的语的接触和理解。其次,选择性阅读有助于引导他们扩大自己的知识面,丰富自己的异域文化,从而拓展写作的思路。

综合来说,虽然建构主义理论、语篇衔接、主述位理论、对比分析理论、错误分析理论等都属于教学和学习的理论,提出的观点也侧重于学习者,但是其对于实用文体写作而言必然有着重要的指导意义。当然,还存在其他一些理论,如合作学习理论等。限于篇幅,这里就不再多说。

第二节 实用文体写作规律探究

关于"规律"的界定,《现代汉语词典》中是这样定义的,即"事物之间的内在的必然联系。这种联系会不断反复出现,在一定条件下经常起作用,并且对事物的趋向发展起着决定性的作用。规律是客观存在的,是不以人们的意志为转移的,但人们能够通过实践认识它,利用它。"可以看出,人们在社会活动中由于不断地积累各种经验,从而对事物内在的、必然的联系有一个清晰的认识,发现客观事物之间存在的普遍性、必然性的层面。因此,任何事物都具有规律性,实用文体的写作也不例外。

在实用文体写作教学中,常常会听到学生抱怨实用文体的类别太多,难以记忆,这就表明学生学习实用文体写作是机械的,同时也说明学生并没有将知识串联起来。其实尽管实用文体的种类复杂,但是其格式化的特征也是非常明显的。虽然文体的类别不同,其在构成和写作上却存在着共性的东西。因此,学生只要对一种文法的写作有清晰地掌握,就能够触类旁通,同时也能够去了解与之相近的其他文体的写作。可以认为,对文体规律性的把握是对实用文体写作快速掌握的捷径。下面从以下几个方面来谈实用文体写作存在的普遍规律。

一、关于公文正文部分的撰写

(一)公文正文写作的一般方法

作为行政管理文书,公文往往具有法定的体式。其正文部分的写作结构、内容等具有固定性,且较为严格,一般是开头要求运用简短的语言对事由、目的等进行阐释;中间部分是正文的主体,是对具体事项的阐明,写出主要的事情,侧重于"是什么""什么事""怎么做"的写作,因此把该部分称为事项部分;结尾要求简短有力,常使用习惯结语。各个部分的具体撰写方法如下。

1.开头部分

这一部分主要包含四种方式,即原因式、目的式、根据式以及根据与目的的结合式。

(1)原因式。在阐明存在的问题时,往往使用"由于""鉴于"等文字标志对背景材料进行概述,指出造成危害、解决问题的必要性作为发文原因。

(2)目的式。这一种方式往往会使用"为了""为"等文字标志对制发公文的目的进行说明和阐释。

(3)根据式。这一种方式往往会使用"根据"等文字标志对制发公文的依据进行说明和阐释。具体来说,主要有根据什么文件的规定,国家公布什么政策等。

(4)根据、目的结合式。这一种方式要将根据要素放置在前面,目的要素放置在后面,即先"根据……"再"为了……"。

开头部分的末尾通常会使用公文常用的承启语对事项的各个部分进行连接,如"特作如下通告""现将情况报告如下""现将有关事项通知如下"等。

2.事项部分

公文的核心内容都会在事项部分体现出来,因此该部分具有较多的内容,尤其是布局层面的问题:怎样才能使其条理更加清晰、层次更加分明。公文的结构安排常见的方式有条文形式与简述形式。前者主要是为了陈述清晰,便于领导的批准和办理,且内容比较复杂。后者往往使用简明的形式对事项、缘由进行陈述,且适于内容单一、集中的公文写作。

3.习惯结尾

最常见的公文结尾是习惯用语。例如,"特此通知""特此函告""此复""以上请示,请予以批准"都是常见的结尾。但是,对于不同的实用文体,其也存在差异,写作时需要注意这一点。

此外，还有号召式等结尾形式。

（二）公文正文撰写常见的格式

在公文的写作过程中，逐渐形成了一些统一的标准格式。这里对其中的两种展开分析和介绍。

（1）适用于布置性的通知、通告的标准格式为：目前……（事实依据）；根据……（理论依据）；为了……（目的主旨）；现决定……（意图主旨），具体…如下（过渡语）。例如：

……

特此通知/通告

（2）请示性公文的标准格式为：近年来……（事实依据），根据……（理论依据），为了……（目的主旨）；现拟……（意图主旨），……由……。例如，请予批准（意图主旨）。

二、把握主体内容构成相同性的原则

实用文体的种类很多，且每一种文体在写作上又根据作用、内容的不同，再进行更细的划分，且有着不同的具体写法。但是，只要擅于总结就会发现，虽然许多实用文体的适用范围存在差异，但是内容构成上是比较接近的，从具体的写作中就可以将一些文体综合为一体，快速地展开写作。例如：

（1）反映机关某一阶段工作的总结、情况通报、公文报告，表面上看三者截然不同，但是其主体部分所反映的内容具有相似性，即都包含四个层面：工作情况、存在问题、经验体会等。向上级提供工作汇报一般都会与工作总结相结合；反映单位一段时期的工作情况通报往往也与年终工作总结等相关。

（2）以灾情、重大事故或问题为主要内容的情况通报和情况报告，在行文方向上是不同的。一般来说，通报主要是针对本机关及其所属单位来说的；报告主要是针对向上级汇报的文件所说的。但是，两者写作内容的构成基本是一致的，包括灾情或事故发生的时间、地点、原因、事件、损失情况、处理等。

(3)奖惩性决定和表扬、批评性通报。很明显,两者也是截然不同的。奖惩性决定重在于处置,其首要的目的就是奖功罚过;表扬、批评性通报重在于宣传和教育。但是,两者在内容上也存在着相同或相似之处。主体内容包含对先进事迹、错误事实经过的阐述、对组织的处理意见等进行说明。但是,表扬、批评性通报还包含对事实的评价,因此结尾常常伴有要求、希望,以及对先进人物号召大家学习,以错误倾向对其他单位和个人进行警示。

三、"报告"类文书写作的基本思路

调查报告是"报告"类文书的基础,由此而出现了经济活动分析报告、市场调查报告、经济预测报告等多种类型。这类文书的共同特点在于撰写前的准备,即对资料进行收集的过程。当写作者详细、全面地分析资料之后,往往会得出比较客观的结论,因此报告类文书的主要精力是搞好调查和研究工作。各类报告的主体结构大都是对情况、成败原因进行陈述,并提出改进的方法和措施。但是,在不同的报告中,上述几个部分所占的比重不同。但是从主体构成上可以判断出来,这类报告的写作都需要遵循"提出问题—分析问题—解决问题"的思路。下面以企业综合经济报告为例,对其进行分析和阐释。

(1)提出问题,从各项指标完成情况中体现。具体地说分别列出总产值、全员劳动生产进度、产品质量、销售收入、销售所得利润、付出的资金与成本等,并与计划指标进行对比,得出百分数。之后,与上期相比的百分数进行比较,从而得出各项指标的好坏。

(2)分析问题,对重点指标进行分析,分析出这些好坏原因包含主客观的哪些因素,从中总结出经验教训。

(3)解决问题,就其得出的原因提出一些方法和措施。

从根本上来说,这种思路与议论文的总分形式基本相似,掌握了这一思路,我们就可以更好地完成类似的写作。

总之,这里所论述的实用文体写作规律只是从公文正文部分的一般写法、主体内容构成的相同性原则、"报告"类文本写作的基本思路三方来说的,但是实用文体所包含的内容非常广泛,远不止这些。因此,我们应该善于发现,在平时的写作中进行总结,并将这些规律进行有效利用,从而达到事半功倍的效果。

第五章　写作中的修辞要素

修辞和写作无法分开。在写作中,修辞运用得好,文章就会更加有光彩。掌握各语言要素的修辞手段,有助于突出语句亮点。因此,将写作和修辞结合起来进行研究,是很有必要的。跨语言方法逐渐成为英语写作研究的主流范式,并为修辞学者一直以来所持有的疑问提供了新视角。本章具体分析修辞与写作的关系、各语言要素的修辞以及写作与修辞研究的跨语言方法。

第一节　修辞与写作的关系

写作靠修辞得到提高,增强表达效果。修辞以写作为研究对象进行修辞活动,从写作实践和作品中获取发展的营养。

一、遣词连接修辞与写作

遣词是写作的基础,又是修辞学的主要研究内容。写作如同建筑,词汇就是砖石,选择恰当的词汇并不容易。因此,可以毫不夸张地说,写作的生命在于遣词。

在遣词方面,最重要的基本原则是根据词的特性来进行选择。词的特性包括清晰、精确和有效。

要想使读者理解,清晰是作者必须首要考虑的因素。通俗词汇或简单词汇、具体词汇、外延词汇能够达到清晰的要求。

要达到语言的精确,写作者在遣词时必须注重以下三个方面。

(1)词义的种类。作者需要根据词的内涵意义来遣词。

(2)词义的色彩。英语中的同义词或近义词很丰富,但它们之间几乎都存在细微的差别,这是词的外延意义所导致的差异。

(3)词义的程度。作者需要在词义的强弱之间进行选择。

要进行有效的表达,作者必须准确灵活地使用以下词汇。

(1)惯用词汇。有的惯用语与语法、逻辑发生矛盾,但它们都是人们耳熟能详并易于接受的词语。

(2)描述性词汇。这类词语能使情境生动逼真。

(3)比喻性词汇。这类词汇与比喻这种修辞手段一样使表达更加丰富。

二、修辞与写作的"同一"

"同一"既是认同也是劝说。在西方,修辞传统盛行,"同一"作为主要的修辞思想和环节贯穿英语写作的始终。

(一)传统修辞源于"同一"

传统修辞中的道德、理性和情感诉求也源自于"同一"。道德诉求的产生取决于读者是否能够从作者的言语中发现道德和博学,因为品德和博学能够体现读者和作者的价值观共性。理性诉求的产生取决于作者的文章是否体现出理性,一篇理性的篇章,能够使处在相同语境下的读者感受共同的信仰和态度。人类是有理性的社会动物,通常如果两个人拥有近似的价值观,他们会认为那些符合这些标准的论述是理性的。情感诉求的产生取决于是否能够诱发读者情感。情感直接体现出人们对事物的判断,而对事物的判断也直接体现出评判标准,因此如果文章具有与读者类似的标准,作者的情感诉求就能达到。

(二)写作过程的"同一"

写作的过程就是读者和作者"同一"的过程,因为他们两者需要依赖共同的经历进行交流。交流是指读者和作者之间分享思想，这需要读者和作者之间存在共同点。

传统写作评价也要求作者为读者创造一个能轻松予以理解的世界，从而实现作者与读者之间的同一。但是，中国学生大多将语言的机械操练当作写作重点，没有寻求与读者的认同，所以就难以创造出修辞到位的佳作。

三、"同一"催生互动写作模式

"同一"引导着作者在写作中与读者发生交互作用，从而使得互动作用下的英语写作模式得以产生。这种模式的理论渊源来自于亚里士多德，他将修辞视为辩证法的对应物。修辞的议题是可以争辩的，因此劝说者应该预想受众的反应，并据此做出相应的反应。该理论也证明了写作的互动性，他认为写作交际是以读者为中心的。为了传达信息，作者必须了解读者。

英语写作可以分为构思、起草和修改三个环节，这三个环节互相影响，形成了作者与读者写作的互动模式。在这个写作模式中，构思不仅展示了作者的想法，还向读者展示了作者如何进行写作。起草是建立文本的过程。起草和构思相互渗透。修改是指对文章进行调整和创造的过程。它也与构思和起草相互渗透。

总之，构思、起草和修改在写作过程中没有明显的界限，三者相互依存和渗透。这种写作互动模式在作者、读者和文章主题之间形成了动态的三维关系，该模式突出读者与作者之间的交互作用，这种交互作用贯穿写作的始终。这种交互作用具有以下几个特点。

(1) 作者渴望与读者沟通交流。
(2) 在写作过程中，作者与读者形成一种积极的对话模式。
(3) 作者在写作过程中考虑读者的观点和感受。

作者努力与读者寻求认同，并不是要违背自己的思想而屈服于读者。作者可以尝试通过寻求认同的方式，让读者接受一些东西,甚至是读者起初并不认同的观点。读者和作者之间的"同一"不仅可能而且必要。

第二节 各语言要素的修辞

写作中的修辞具体涉及词的修辞、句子的修辞和段落的修辞。对这些内容有一个基本的了解,才能轻松地应对写作。

一、词汇修辞

(一)准确性

词语选择准确意味着所选词汇符合其使用的场合,直接关系到文章表达的效果。用词准确和用词基本准确之间的差异就如同闪电和萤火虫之间的差异。从根本上说,词汇使用不准确的根本原因是学生对词语的掌握不彻底、不全面。要想达到词汇修辞的准确性,需要注意以下几点。

1.区分词的本义和引申义

大体来说,词汇的意义可以分为两种:基本意义和引申意义。其中,基本意义是指词语本身固有的含义,引申意义则是由基本意义转化、引申出来的意义,或词语在使用过程中逐渐产生的意义。例如:

(1)If you want a share of the pay, you'll have to do your fair share of the work.

要是你想得到一份报酬,你就必须做好你该分担的那一份工作。

(2)They sell shares in companies at the stock exchange.

他们在证券交易所出售公司股票。

本例句(1)中,share 意为"一份",这也是它的本义。而随着股票的出现,它又具有了"股票"的含义,如例(2)。因为股票(股份)份额的大小是影响持股人收益的一个极为重要的因素,因此用 share 表示"股票"这个概念也是可以理解的。再如:

Water is changed into steam by heat and into ice by cold.
水加热则成为蒸汽,冷却则成为冰。
Good gardeners know not to water plants during the day.
优秀的园丁都知道,白天不要给植物浇水。

本例句(1)中,water 的意思就是其本义"水",而句(2)中"给……浇水"的含义显然是从"水"这一基本含义中引申出来的。

通过以上阐述不难看出,词语的基本意义和引申意义是影响选词、修辞能否准确、恰当的关键因素,学生必须掌握好这些知识,才能提高选词的准确性。

2.推敲同、近义词的细微差别

词汇选择的准确性还受同义词和近义词的影响。英语中大量存在的同义词和近义词在为学生写作带去便利之时,也造成了不小的障碍。因为同义词或近义词之间依然存在微妙的差异。因此,教师必须帮助学生掌握这些同义词、近义词之间的差异。这些差异主要表现在以下几个方面。

(1)词义的文体风格的差别

有的同义词、近义词在文体风格方面存在差异。有的适用于一般文体,有的适用于正式文体,有的则适用于非正式文体。例如:

①That famous mathematician passed away yesterday.
昨天,那位著名的数学家去世了。
②I'm not going to pop off just now, so you needn't worry.
我还不会死,你不用着急。

本例句①中的 passed away 和句②中的 pop off 都表示"死"的含义,但 pass away 显然比 pop off 更加正式。

③As I waited in line, a nice gentleman in line behind me struck up a conversation.

在我排队等候的时候,站在我后面的一个友好的绅士跟我聊起来。

④The poor chap was a bundle of nerves at the interview.

这小子在面试时紧张极了。

本例句③中的 gentleman 和句④中的 chap 都可以表示"小伙子""男士"的意思,但前者一般指有礼貌、有教养的绅士,多用于正式场合,而后者则多用于口语中。

类似这样的例子还有很多,此处不再一一列举。通过上述例子可以看出,写作过程中,词汇的选用必须合乎文体、场合,如果在一个句子中使用两种截然不同的文体词语,则会造成词的"脱格",显得滑稽可笑。

(2)词义范围的差别

一组同义词、近义词中,经常有一个词的词义范围较大,能够囊括其他词汇,而其他的词汇则是这个词词义范围的某个方面。因此,词义范围较大的单词使用的场合则较多,而词义范围较小的单词使用的场合则较少。例如:

①I missed the bus and had to walk home.

我没赶上公共汽车,只好走回家。

②German soldiers march before a "Tiger" tank during the Battle of Kursk in June or July of 1943.

在1943年6—7月份的库尔斯克大会战期间,德国士兵在一辆虎式坦克前行军。

③We strolled through the park.

我们溜溜达达地穿过了这个公园。

④James loves sneaking up on his sister to frighten her.

詹姆斯喜欢溜到妹妹身后吓她一大跳。

⑤A short plump woman came waddling along the pavement.

有个矮胖女子一摇一摆地沿人行道走来。

本例句①的 walk、句②的 march、句③的 stroll、句④的 sneak 和句⑤的 waddle 都表示"走",但 walk 最为常用,不受走的情态的限制。而 march,stroll,sneak,waddle 则表示各种各样的走,即"行军""溜达""偷偷摸摸地走""摇摇摆摆地走"。走的情态各有不同,所使用的词语也有所差别。

(3) 词义色彩的差别

有些同义词、近义词之间存在明显的情感色彩差异。这些情感色彩反映了人们对待事物不同的态度。一般而言,每组同义词、近义词中会有一个表示中性的词语,一个表示褒义的、肯定的、赞同的词语,一个表示贬义的、否定的、憎恶的词语。另外,英语中部分词汇只作褒义,或只作贬义,还有的词汇则褒贬均可,要根据具体的语境来判断。例如:

①Do not waste your time and as well as your talent doing childish stuff.

不要浪费你的时间和才华用来做一些幼稚的事。

②A childlike innocence shone out of his handsome eyes.

一束孩童般的天真无邪的光从他那双俊秀的眼睛里闪耀出来。

本例句①中的 childish 和句②中的 childlike 都有"孩子般的"含义,但 childish 带有贬义,如"幼稚""孩子气",而 childlike 则带有褒义,如"天真的""纯真的"等。

以上例子反映了同义词、近义词之间的感情色彩差异,这些差异对写作的影响极大,一旦使用错误,就会使读者误解作者的情感态度、观点,产生不良后果,因此必须加以注意。

(4) 词义侧重点的差别

英语中同义词、近义词的差异还表现在词义的侧重点不同。例如,escape 和 flee 虽然都有"逃跑,逃脱"的含义,但 flee 则侧重在紧急情况下的仓促逃跑。试比较下面一组句子。

The wolf rolled over and played dead to escape capture by

the farmer.

狼翻过身来装死以逃避农夫的追捕。

They lost no time in fleeing the burning hotel.

他们马上逃离了失火的旅馆。

再如，offender，criminal，culprit 虽然都有"罪犯"的含义，但 offender 侧重指任何违反法律的人，但不一定受法律的制裁；criminal 侧重指严重违法的人，并理应受到法律的制裁；culprit 则侧重指已被起诉犯下罪行的人。试比较下面一组句子。

The main problem is not the first offender or the petty thief but the repeated offender who commits increasingly serious crimes.

主要的问题不是来自于初犯者或小偷小摸，而是来自于犯罪行为越来越严重的那些惯犯。

The criminal lit out for the countryside after the bank robbery.

这个罪犯在抢劫银行后迅速逃往乡下。

He has only been home once, sir, since the day of the examination of that culprit.

自从那个罪犯受审之后，阁下，他只回过一次家。

(5) 词义程度的差别

同义词、近义词的词义轻重也不尽相同。例如，cold，cool，chilly，frigid，frosty 尽管都表示"冷的"，但它们所表示的"冷"的程度是不同的：cool 表示"凉爽的"，程度最轻；chilly 表示"冷飕飕的"，程度次之；cold 是我们最常说的一般的"冷"，程度居中；frosty 表示"霜冻的"，程度较重；frigid 表示"严寒的"，达到冻硬的程度。试比较下面一组句子。

Next morning when an aide woke him in **frigid** darkness, a blurry recollection made him shake his aching head.

翌日清晨，一位副官在冰冻的黑暗中把他唤醒，模模糊糊的记忆使他摇了摇发胀的头颅。

Let's sit in the shade and keep **cool**.

我们坐到树阴下去凉爽凉爽吧。

The **cold** weather turned the leaves red.

寒冷的天气使树叶变红了。

Chilly gusts of wind with a taste of rain in them had well nigh depeopled the streets.

阵阵寒风夹着零星雨点已使街上几乎空无一人了。

A glacial sun filled the streets, and a high wind filled the air with scraps of paper and **frosty** dust.

冷冰冰的阳光照满街道,一阵阵狂风刮起,纸片和冰霜似的尘土吹满了天空。

3.注意一词多义

(1)词性与词义

英语中很多单词都有不止一种属性,单词的意思随着属性的变化也表现出不同点。下面以 state 为例进行举例说明。

①state 作名词时意为"状况""状态""形势""国家""州""政府"。例如:

His general state of health is fairly satisfactory.

他总的健康状况相当令人满意。

Since 1979, the state has given gold and silver awards for the best industrial artifacts.

从1979年以来国家为优秀工艺品颁发了金奖和银奖。

②state 作形容词时意为"正式的""官方的""国事的""国家的"。例如:

She will give her dog a state funeral.

她将会给她的狗办一场正式的葬礼。

Her aim is State University of New York.

她的目标是纽约州立大学。

③state 作动词时意为"说明""规定""陈述"。例如:

He stated that he had done his best in the matter.

他言明对那件事已尽了全力。

He stated positively that he had never seen the man.

他肯定地说他从未见过那个男子。

通过上面的例子可以看出,单词的属性对词义以及词语的使用影响极大,这一点必须引起学生的重视,否则就很容易出错。

(2)使用领域与词义

词的多义性还表现在,同一个词在不同领域中的含义也不同。下面我们以 depression 为例进行举例说明。

①在气象学中意为"低气压"。例如:

Pink indicates a tropical depression and dark purple indicates a Category 3 storm.

粉色显示了热带低气压,深紫色显示了3级风暴。

②在心理学领域中意为"抑郁""消沉"。例如:

Depression is an illness like heart disease or cancer.

抑郁是种病,就像是心脏病或癌症一样。

③在地理学领域中意为"洼地"。例如:

The soldiers hid from the enemy in a slight depression.

士兵们隐藏在低洼处,躲过了敌人。

④在经济学领域中意为"经济萧条、不景气"。例如:

He lost his job during the great depression.

他在大萧条时期失业了。

(3)搭配和词义

词汇搭配是英语写作的一个难点,也是学生很容易出错的地方。学生拥有再多的词汇量,如果不能准确掌握词汇的搭配,也无法写出一篇合格的文章,甚至很难写出一个符合语法规范的句子。例如:

①Learning knowledge means we're learning new things.

②Our country develops very much.

③We all burst into laughing.

以上三个句子都存在严重的搭配错误。句①中 knowledge

和 learn 的搭配违背了英语使用规范。句②中,very much 不能和 develop 搭配,而只能和表示感情的动词搭配。句③中,burst into 后面应该接名词,而不能接动词,因此 burst into 不能与 laughing 搭配。

即使是同一个单词,在不同的语境中,其所搭配的词语也不同,进而产生不同的词义,如 do,take,make,come,go 这一类最为常见的动词就是代表。它们的词义往往多达上百个,这更需引起学生的注意。下面以 charge 为例进行举例说明。

I am in charge of financial affairs.

我执掌财务。

As long as you've paid in advance we won't charge you for delivery

只要你预先付款,我们就不收你送货费。

I charge you to act at once.

我命令你立即行动。

The documents are in the charge of Comrade Lee.

文件由李同志保管。

Those young men were charged by the police with causing a disturbance in the neighborhood.

警察指控那些青年人在这一带犯了扰乱治安罪。

Charge the cost to my account.

把那笔费用记在我的账上。

Don't charge the fault on me.

不要把过失归罪于我。

总的来说,英语词汇的意义受到多重因素的影响,学生在写作文选词的时候必须综合考虑各种因素,这样才能提高用词和修辞的准确性。

4.判断词义的具体和笼统

英语词汇内部也有表意具体的词和表意笼统的词。笼统词和具体词之间并无优劣之分,但却是写作中必须注意的地方,使用得好就能增加语言的准确性和生动感,使用得不好则会令读者不知所云。试比较下列几组词汇。

walk	stroll,march,parade,stride,pace
clothes	skirt,shirt,jeans,leggings,blazer
human	woman,man,children,workers,leaders
look	peep,gaze,stare,glance,eye

通过语义可以看出,左边的词较为笼统,而右边的词语则较为具体。一般而言,使用具体词能够使表达更加精彩、传神。例如,当我们要表达"走出房间"这个含义时,可以说 walk out of the room,但这一表达却太过平淡。如果想让表达更加生动、形象,我们必须使用具体词汇,如用 hurry,rush,dash,burst,break,fly 来表示走出房间时的匆忙;用 steal,sneak,tiptoe,creep 来表达走出房间时的偷偷摸摸;用 totter 或 stagger 来表示因体衰或醉酒而步履不稳的样子;用 sail 来表达女子优雅的步态;用 dance 勾勒出孩童蹦跳的样子。由此可见,表达要想生动形象,选词就必须精准。

总的来说,上述这些影响词汇选用准确性的因素并非独立的,而是综合作用的。教师必须引导学生从各个不同的方面来把握词汇的准确意义,并将各个方面的含义有机地联系起来,这样才能全面、清晰地理解各个同义词的意义特征,达到理解准确、运用准确。

(二)简洁性

简明是智慧的灵魂,也就是"言贵简洁"。因此,写作过程中我们需要注意使文章言简意赅,尽量避免赘言赘语。

王寅认为,英语表达具有浓缩性,英语国家人们的思维方式具有浓缩性,因而英语表达倾向于使用较低的句法单位。与之相反的是,汉民族更擅长将事物铺开陈述,用众多短句进行详细阐述。因此,汉语中用句子表达的信息在英语中往往可用词、短语来表达。如果不了解英汉表达方式,学生的英文写作就会因为过于啰唆、缺乏主次而显得档次不高。

要达到简明的效果,需要注意以下几点。

首先,简明并不是一味的减少词语的使用,而应该建立在表达准确的基础上。准确性是简明度的前提,也是提高简明度的基础。

其次,表达的简明性可以通过运用较简短的常见词语代替短语和句子,省去多余的或转弯抹角的词语来实现。

最后,类比、换称、同源词并列、借代等修辞手法也是实现语言简明的有效手段。这些修辞格的使用一方面使得语言更加简单明了,另一方面有助于提升写作质量、文章档次。

1. 类比

类比(analogy)是指将一种事物的某种特征比作另一种同样具备该特征的事物。其作用在于通过对类似事物的特征描述突出本体事物特征,简单直观地呈现所要表述的事物特点,加强作者对此特征的把握,同时引起读者想象。写作中也经常使用类比。

类比和明喻、隐喻紧密联系,但又存在差异。类比是扩展了的比喻,其涉及事物间的共性很多,并各自对应,形成逻辑推理的依据。例如:

Writing a book of poetry is like dropping a rose petal down the Grand Canyon and waiting for the echo.

写一本有关诗歌的书如同将一片玫瑰花瓣扔进大峡谷等待它的回音。

本句中将"写一本有关诗歌的书"和"将花瓣扔进大峡谷等待回音"作对比,读者可以通过对后者结果的既有认知明了前者的结果:杳无音讯。

由上例可见,类比的使用可以使读者确切而深刻地明了作者想要表达的含义。学生在英文写作过程中遇到无法直接言明的情况时,类比也不失为一种上佳的修辞手法。

Appropriate praise to a child is what the sun is to a flower.
恰当的赞扬对孩子的作用,就像阳光对于花朵的作用一样。

本句中将赞扬之于孩子的作用和阳光之于花朵的作用进行类比,读者通过对后者的认知了解到赞扬对孩子的重要作用:花朵的成长不能离开阳光。同理可证,孩子的成长也不能缺少赞扬。

2.换称

关于换称(antonomasia)的定义,有文章指出"An antonomasia is a figure of speech that involves not only the use of an epithet or title in place of a name, but also the use of a proper name in place of a common noun."(换称是一种修辞手段,不仅包括用绰号头衔代替姓名,还包括用专有名词代替普通名词。)换称的使用往往可以节省很多语言来解释或重复某些表述,并且更方便读者的理解和记忆。因此,使用换称的写作往往更加简单明了,直观形象。

借代和换称要区别开来。借代的二者之间是等同的关系,而换称的两者之间绝不等同。

Shanghai is the New York of China.
上海是中国的纽约。

本句中用 New York 指代 Shanghai 正是考虑到二者之间的共性,并以人们对纽约的印象暗示上海在中国的地位,同时省略了大篇关于上海之于中国的重要性的描述。但是,显然"纽约"和"上海"是并不等同的两个概念,因此这里是换称的说法。

His action towards his motherland proved to be a Judas.
他的行为是在背叛祖国。

本句中并未多费唇舌告诉读者他的行为有多么恶劣,而言简意赅地使用一个词——Judas 表明了其品质、其行为。类似这种换称的使用在写作中节省了大量篇幅,使得文章表述更加简洁、丰富。

3.同源词并列

同源词的英文 paronym 是指某两个词语词源相同而语音和意义不同。同源词起始于相同词根,但演化为不同的词项。那么,同源词并列(paregmenon)则是指在句子中使用同源词,并借其相似音韵达到加强语气的效果。同源词并列现象在文学作品中也经常出现。

同源词的语音或相同或叠韵,语义或相近或相反。同源并列词的使用可以加强文章的音韵感,集视觉、听觉和语义于一体,使得行文更具表现力。例如:

The bride within the bridal dress had withered like the dress, and had no brightness left but the brightness of her sunken eyes.

穿着婚纱的新娘像她身上的婚纱一样形容枯槁,只有她那深陷的眼窝中尚存一丝亮光。

这是狄更斯(C. Dickens)在其晚年著作《远大前程》(*Great Expectations*)里的一句话。作者通过 bride 和 bridal 的使用刻意强调了"新娘"和"婚礼"的喜庆,并和后面的 no brightness, sunken 形成鲜明的对比:在这本应该欢快愉悦的时刻,新娘却是"形容枯槁""沉陷的眼窝",自然而然加深了读者对这一场景的印象。

通过上面的例子我们发现,同源词并列现象对人物刻画、场景描写、气氛烘托起到重要作用。因此,学生应该加深对同源词并列的认识,并多加练习。

The girl laughed a merry laugh.

那个女孩欢快地笑了。

首先,这种修辞手法使人耳目一新。其次,句子中 laughed 和 laugh 的使用给人以视觉上和语感上的连贯性,同时更加深了女孩的欢笑给人留下的美好印象,为整篇文章增色不少。

4.借代

借代是指用一种事物代替另一种事物来表述。借代往往并不直接说出要表现的内容,而是通过另一个与之有着紧密联系的事物来代替。代替的事物虽然和被代替的事物没有什么相似点,但却和被代替的事物无法分割。借代产生的原因在于通过对事物特征的把握,引发读者的联想,从而为读者留下深刻印象。简而言之,借代就是借彼代此。运用联想使得写作更加生动形象、幽默诙谐、言简意赅。例如:

She was to be sure a girl, who excited the emotions, but I was not the one to let my heart rule my head.

她确实是个容易使人动情的姑娘,可我不是那种让感情统治理智的人。

本句选自马克思·舒尔曼(M.Shulman)的《爱情是个谬误》(*Love Is A Fallacy*)。这里用 heart 来代替 emotion 和 feelings,用 head 来代替 reason 和 sanity。作者用人体组织代替情感上的抽象概念,含蓄委婉地表达出了"我"的意志。

借代对于词语的选择和转换具有非同寻常的意义。它使写作用语丰富多彩而富有弹性,是写作常用的修辞手段之一。

Once their teacher came in, the classroom became silent.

老师一进来,全班同学都安静下来了。

本句中用 classroom 借代其中的学生,相比较通常单调的说法 all of the students 而言无疑更加简单明了,吸引读者注意。

(三)生动性

所谓语言的生动性就是语言的美感。衡量写作质量的标准除了准确性、简明性、语言多样性,还有语言的生动性。只有生动的语言才能吸引读者的注意,打动读者的心,使之与作品产生共鸣。

德国康茨坦斯大学文艺学教授汉斯·罗伯特·尧斯(Hans

Robert Jauss)认为,写作应该具有美感,并提出了"接受美学"(receptive aesthetic)的理论。接受美学认为作品的审美价值是潜在的,只有经过读者的认可才能体现出来。

由此可见,语言的生动性对于写作具有重要的意义。要想实现语言的生动性,修辞格的使用是一条颇具成效的途径,如明喻、隐喻、矛盾表达、夸张等都能使语言更有美感,更有生命力,能够紧紧抓住读者的心,吸引读者继续往下看。

1. 明喻

明喻的作用在于将具有共性的两个事物对比,将一个未知的、抽象的事物比喻为另一个已知的、具体的事物,从而更加直观地将表达内容呈现在读者面前。使用明喻的文章往往生动活泼、具体形象,引人入胜。因此,明喻在文学作品中被大量使用。

明喻手法最为常见,也最好理解,因此教师可通过一两个实例解释说明即可。例如:

O my Luve's like a red, red rose.
That's newly sprung in Jun;
O my Luve's like the melodie.
That's sweetly played in tune!
啊,我的爱人像红红的玫瑰,
绽放在六月之初;
啊,我的爱人像一支乐曲,
甜甜地弹奏着小调。

这是罗伯特·彭斯(Robert Burns)著名的爱情诗《一朵红红的玫瑰》(A Red Red Rose)中的经典片段。诗中将"我的爱人"这一未知的、抽象的概念通过明喻的手法转化为形象的、具体的"红红的玫瑰"和"甜甜的乐曲"。读者通过对玫瑰和乐曲这两种事物的记忆想象出"我的爱人"的具体形象,并对这个神秘的"爱人"留下了隽永的、美好印象。本诗中明喻本体是 my Luve,喻体是 a red, red rose 和 melodie,喻词均是 like。

不仅是诗歌,明喻在其他题材的文学作品中出现的频率也极高,并且具有相当的想象色彩,在英语写作修辞教学中是不可或缺的一部分。

He was like a king who thought everything should be him-centered.

他就像个国王,认为所有事情都应该以他为中心。

这里将 he 比作 king,读者立刻联想到故事中国王通常的姿态,于是自然能够明了 he 的不可一世达到了什么程度。另外,明喻的使用也使得原本毫无生色、单调乏味的陈述句多了几分生动色彩,加深了读者的印象。本句中明喻本体是 he,喻体是 a king,喻词是 like。

2.隐喻

和明喻形成对照的是隐喻,其英文意义是 carry over(传递),即语义的传递。当一些词用作比喻意义时,一个领域中的语义就被转化到另一个领域中,实现语义的传递。相比较明喻而言,隐喻更加简练、含蓄。可以说,隐喻是简化了的明喻。

隐喻不用喻词连接本体和喻体,而是将某一事物的名称直接用于另一种事物,通过人们熟悉的事物暗示出人们不熟悉的事物的特征,达到形象逼真的效果。例如:

Some books are to be tasted, others swallowed, and some few to be chewed and digested.

有些书可以浅尝辄止,有些书可以囫囵吞枣,有些书则需要细嚼慢咽,细细回味。

这是弗朗西斯·培根(Francis Bacon)在《论读书》(*Of Study*)中的一句话。原文中的 taste,swallow,chew 均是在吃东西时才会使用的词语。作者将"读书"的三种状态巧妙地隐喻成"吃东西"的三种状态,使读者能够通过对吃东西的认识和回忆,深刻理解并把握其所要表达的读书境界。

鉴于隐喻这种含蓄而又更加贴切的暗示作用,学生不仅要有使用明喻的意识,还要有使用隐喻的意识,以使写作的修辞手段丰富多样。

He has always been a political chameleon, able on the coloration of his environment.

他一向都是条变色龙,善于随机应变。

本句中直接将 he 说成是 chameleon,正是抓住了"他"和"变色龙"之间的相似性——善于随机应变、墙头草的特性,并通过"变色龙"这一形象加深人们对于"他"这个人物形象的认识。

3. 矛盾

矛盾又称逆喻,是指用互相矛盾的词来创造特殊效果。它把一对语意相反、相对立的词巧妙地放在一起使用,借以表达较为复杂的思想感情或最为强烈的情感。因此,矛盾是一种结构新颖、富于表现力的修辞手法。表面上看,矛盾修辞法似乎不合情理、相互矛盾,但仔细揣摩之后往往能够发现隐藏在其矛盾外表之下的是其深刻的内在含意和神奇的艺术感染力。例如:

Juliet…

Good night, good night! Parting is such sweet sorrow.

That I shall say good night till it be morrow.

朱丽叶……晚安!晚安!离别总是如此甜蜜的凄清,我真要向你道晚安直到天明!

本句选自莎士比亚(Shakespeare)著名喜剧《罗密欧与朱丽叶》(*Romeo and Juliet*)。本句背景是罗密欧和朱丽叶在花园相会并打算私订终身,在分手时,罗密欧向朱丽叶表达此刻情感。这里的 sweet sorrow 是矛盾修辞法的典型代表。一般认为人的感情要么甜蜜、要么痛苦,然而在本句的特殊场合中却是甜蜜和痛苦的交织:和朱丽叶约会自然使得罗密欧无比甜蜜,然而由于已快天明,罗密欧又不得不和朱丽叶分手离别,这又是何等的痛苦。正是由于这种复杂的心情,作者用矛盾的手法处理人物感情,却让读者更加心领神会此情此景,产生与作品的共鸣。

My uncle Ted is a cheerful pessimist.

我的叔叔 Ted 是一个纵情酒乐的厌世者。

句中的 cheerful 和 pessimist 在意义上形成矛盾，但读者却能从中感受到一丝同情和悲凉。一个纵情酒乐的人根本上还是一个厌世者，却表现得好像满不在乎，纵情酒乐，这却更加突出了其悲剧色彩，对人物形象的塑造起到重要作用。

4.夸张

夸张是指，用言过其实的表述方法表达事物，强调突出的目的。这种修辞手法的好处在于加强了文章语势和表达效果。夸张和说谎不一样，并没有欺骗色彩，尽管把夸大的事物主观地无限扩大，但它是以客观事实为基础的。夸张只是将某一问题更加浪漫、生动地表述出来，因此，夸张的表现手法对于写作来说十分重要。

在英语写作中，夸张也是经常用到的修辞手段之一。夸张的形式有两种：一种是"夸多"，一种是"夸少"。同时，学生使用夸张手法的时候，既要新奇别致，又要不违背情理；既要高于生活，又不能脱离生活；既要言过其实，又要以事实为依据，引起读者强烈的认同感，获得写作的艺术价值。例如：

Splendid cheeses they were, ripe and mellow, and with a two hundred horse power scent about them that might have been warranted to carry three miles, and knock a man over at two hundred yards.

这些奶酪又香又嫩，它四溢的香气足有 200 匹马力那么强大，三英里以外的人能闻到，即便是 200 码以外的人也会被它的香味熏倒。

本句选自杰罗姆（J.K.Jerome）的《奶酪的香味》（*The Odor of Cheese*）。显然，作者对于奶酪香味程度的描写 a two hundred horse power，three miles，two hundred yards 是言过其实的，但却很能调动读者的"胃口"，使其如临其境、如闻其味，并且迫不及待也想尝一尝这种奶酪。

除了夸大所描写事物的特点以外,夸张还可以减小这种程度的描述,称作低调陈述(understatement)。例如:

There is also poverty, convincingly etched in the statistics, and etched too, in the lives of people like Hortensia Cabrera, mother of 14, widow.

"Money," she says with quiet understatement, "is kind of tight. But I manage."

贫穷,不容置疑地,深深印在统计数字之中,也印在像卡布雷拉那样的人们的生活之中,她是14个孩子的母亲,一个寡妇。

"钱",她安详而含蓄地说,"有些紧,不过我能对付。"

本句选自格里菲·史密斯(Griffin Smith)的《国家地理》(*National Geographic*)。通过上句我们了解到卡布雷拉本身就被贫穷困扰着,作为一个有着14个孩子的单身母亲在谈到钱的时候,却轻描淡写地说 kind of tight,有意把困难模糊化。这种低调陈述的目的在于这为单身母亲的自尊、自立。

在明了夸大和低调陈述的特点和使用方法之后,学生在写作中对某些事件的影响或者程度的描写可能更加生动。例如:

Yesterday, my sister cried her eyes out because she lost her Barbie doll.

昨天我妹妹丢了她的芭比娃娃,眼睛都快哭出来了。

显然,人是不可能把眼睛哭出来的,但是这里却突出了妹妹丢失娃娃后伤心的感情,使读者见了不免心生爱怜。这样,写作就算抓住了读者的眼球。

二、句子修辞

(一)连贯性

在连词成句和连句成篇的过程中,词与词之间以及句与句之间必须含有形式和意义上的联系性,以致形成一个连贯而统一的整体,这就是句子的连贯性,也是英语中的修辞技巧。要想写出连贯性的句子,人们必然具有有序的逻辑和缜密的思维,这是表达连贯的基础条件。当然,这并不意味着采用一些衔接手段就可以实现句子的连贯性,句子之间的联系应该是有意义的内在联系,而不是毫无联系的凌乱拼接。把握好了句子的连贯性,就是把握好了文章的脉络。相反,失去了句子的连贯性,就失去了表达的明朗性,这很有可能会造成交际障碍。所以,句子的连贯性相当重要。

连贯性是口语和书面语的必然要求,取得句子连贯性的一种手段就是使用过渡性词语,可以作为过渡性词语的有代词、指示性形容词以及副词。过渡性词语的适当使用可以使句子自然地过渡。例如:

This is one thing to be kept in mind. **Another** is that the exercise of the creative power in the production of great works of literature or art.

The broadcasters know **this**, however much they try to convince **themselves** as well as **others** that they perform a consistent public service.

上述两个例子是使用过渡性代词以取得句子的连贯性,这在英语中也是常用的手段,它在衔接上下文的同时,也有效避免了词语重复所造成的累赘。

请注意粗体部分的过渡性副词,它使上下文的因果关系清晰地展现出来。像这样的过渡性副词还有 besides, in addition, however, since, as, after, before 等。

（二）强调性

1.借助词语

（1）使用强调动词 do

将助动词 do 放在实义动词之前可以起到强调的作用。例如:

—Why **did**n't you tell him to leave here at six?

—**I did** tell him to.

你为什么没有告诉他6点钟离开这呢?

我的确告诉他了。

(2)综合使用副词和特殊疑问词

在特殊疑问句中,将副词 ever 与 who,what,how,why,where,when 等特殊疑问词一起运用可以表示烦恼、愤怒、惊喜、诧异等。另外,也可以运用 in heaven,on earth,under the sun,in the world,in hell 等进行强调。例如:

How **ever** did I forget it?

我怎么竟然把它忘了呢?

Who **in heaven** called you?

究竟是谁给你打的电话?

(3)使用 all 和反身代词

运用"be all+abstract n.""be all+plural n."以及"be+abstract n.+itself"这种结构可以产生强烈的强调效果。例如:

The old man was **all anxiety.**

那位老人焦急万分。

After a short rest, he was **energy itself.**

休息片刻,他显得浑身是劲。

2.借助句式

(1)倒装句

将句子中的非主语成分放在开头,称作"倒装句",可以将宾语、标语、谓语或状语置于句首,这样做的目的是为了强调置于句首的成分。例如:

Echoed the hills.

群山发出回声。

Below the house ran a little stream.

在这所房子下面流着一条小溪。

(2) 用 It is…that… 句型进行强调

"It is(was)＋被强调部分＋that(指人、物)/who(指人)＋原句其他部分"是英语中的强调句型,其中 it 并没有实际意义,它的作用是引出被强调部分。此外,如果强调的人充当宾语,还可以用 whom 指代。例如：

It was Rosa **who** broke the teapot.

是罗莎把茶壶打破了。

(3) 用 if only 从句进行强调

if only 使用过去时态表示虚拟语气,是一种强烈愿望的表达。另外,if 与否定词一起使用也可以起到强调的作用,用来表示后悔、惊讶等。例如：

If I have **not** repeated the mistake!

我真不该重犯这样的错误!

(4) 运用 not…until 结构进行强调

"It was not until＋时间状语(从句)＋that＋主句"和"Not until＋时间状语(从句)＋主句的倒装形式"也是英语里的强调句型。例如：

He didn't come until midnight.

→It was **not until midnight that** he came.

→**Not until midnight did** he come.

直到半夜他才回来。

(三) 多样性

英语修辞的第一要务便是避免句式的单一性而追求句式的丰富性。英语中的句式纷繁复杂,分类标准也呈现多样性。根据字数划分,英语句子分为长句和短句;根据结构划分,英语句子分为简单句和复合句;根据信息重心划分,英语句子分为圆周句和松散句;根据语气划分,英语句子分为陈述句、疑问句、祈使句和感叹句。不同的句式适应不同的表达需要,同时也产生不同的表达效果。同样一句话用不同句式来表达,所产生的意思是不同的。因此，无论是在口语抑或是书面语中，句式的选择是表情达意必不可少的环节。

1. 陈述句和修辞疑问句的变换

陈述句是用陈述语气叙述或说明事理的句子，是最常见的句子形式，包括肯定、否定和双重否定三种形式。修辞疑问句包括设问句和反问句两种形式，二者虽然是疑问句形式，但实际上是一种修辞手段的表现，都是无疑而问。设问句通常位于段首，也可位于文章中间，起着引人入胜的作用，启发读者经过思考后阐述自己的观点。例如：

With all the possible benefits of vitamin C, should you be swallowing ascorbic-acid pills by the handful? Definitely not, say many doctors.

维生素 C 既有这么多好处，我们就该大把地吞服抗坏血酸丸吗？许多医师回答说：绝对不行！

If they go and teach themselves, what do you want teachers for any more? I should say teachers' vital role is teaching in such a way as to provide students with a key to the treasure house of knowledge—not to turn their brains into mere receptacles.

都"自学"，还要老师干什么？我想，教师要给学生的，是一把开启知识宝库的钥匙，而不是把学生的脑子变成一个容器。

不管是陈述句还是修辞疑问句，都关乎到语气、色彩、气势的问题，使用不同语气的句式会收到不同的效果。当遇到较长的文章时，如果整篇都是同一种句式，就变成了平铺直叙，会令读者产生沉闷之感。如果文中夹杂着一两个疑问修辞句，整个文章就明媚许多，就显得比较富有活力。其中，反问句常常置于段尾，如果用得其所，效果自然明显，它能引导读者思索、体会，使结尾耐人寻味。

2. 长句和短句的变换

英语里不缺长句，短句同样也经常出现。长句表现为词数多、结构复杂,特点为沉稳庄重,一般用于详细地描写事物,严谨地阐述道理。短句表现为词数少、结构简单,特点为简洁、干脆、节奏紧凑,常用于表达激昂的感情,以增强文章气势。简单句、并列句和结构复杂的复合句通常被包含在长句的范围内;简单句、并列句和结构简单的复合句往往被看作是短句。标准不同,长短的判断就不同,所以长句和短句是相对而言的。因为对于长句和短句的字数下限,也没有形成规定。然而,长句和短句之间的鸿沟有时候很大,短则只有一个单词,长则包括几十个单词。

长句和短句各有千秋,不可一概而论。如果生硬地拉长短句,语言有可能显得拖沓;机械地将短句缩短,有可能损害长句的周密性。需要根据文章的性质、内容和形式来选择长句或者短句,长句也要清楚地表情达意,短句也要达到表达的自然性。例如:

Two years ago, he was walking home from work when he was knocked down by a speeding car. He was rushed to a hospital, operated on immediately for internal injuries and broken bones. But both eyes were destroyed.

(George Target: *An Irish Love Story*)

两年前,他步行下班回家时,突然被一辆飞驰的汽车撞倒。他立即被送往医院,大夫迅速对内伤和骨折做了手术。然而他的双眼再也看不见了。

上述例子中几乎都是短句,因为短句简洁、节奏快,其接连运用,就是为了突出地刻画主人公被撞后的一系列行为以及当时的紧张、凝重的气氛,因此增强了表达效果。

三、段落修辞

(一)完整性

段落的完整性是指段落能够得到充分的开展。一个完整的段落,首先必须有一个主题句,然后通过对细节、事实等的补充逐渐展开段落。只有主题句而没有推展句的段落会显得苍白无力;而只有推展句,但却没有一个共同的主题,则会导致段落的杂乱无章。

一般而言,一个完整的段落需要包含主题句、推展句和结论句。下面分别对其进行举例说明。

1. 主题句

主题句是段落内容的核心,全段其他所有文字都围绕主题展开。主题句的位置较为灵活,可置于段首、段中、段尾。位于段首的主题句能够开门见山地提出问题,使段落结构更加清晰,有助于读者对所要探讨的主题和内容有一个直观的把握。

因此,写好段落的主题句是写好作文的关键。主题句的书写必须注意以下两个方面。

(1)主题句必须是一个完整的句子,即能表达一个完整的思想。只有主题思想明确,段落才能围绕该主题逐步展开,或论述,或定义,或分类,或解释,或说明。

(2)主题句必须紧扣文章的中心思想,把全段的内容限定在中心内容之内。为了正确表达文章主题,主题句需要使用关键词或词组,即限制词加以限制。此外,需要注意的是,主题句的限定范围不要太宽,否则主题将无法在段落中得到清楚的阐述。

2. 推展句

推展句是对主题句的引申与发展,因而推展句必须切题、明确,且层次分明。引申与发展段落的手段多种多样,其中的设问—解答的方法是行之有效的段落发展方法。按照这种方法,段落在展开之前要先提出一个问题,然后再针对这一问题进行解答。

3. 结论句

结论句通常位于全段的末尾,是对全段内容的归纳总结。需要指出的是,结论句并非单纯地对主题句加以重复,更重要的是进一步强调段落的中心思想,引起读者的重视和注意。因此,主题句的撰写需要注意以下几点。

(1)和主题句相呼应。

(2)把握主题句的关键词,围绕主题句的关键词加以总结。

(3)对主题句中隐含的问题加以回答,并注意总结推展部分的重点内容。

(二)逻辑性

段落开展的逻辑性,即我们常说的"通顺"。逻辑性是衡量文章可读性的一个极其重要的标准。段落的逻辑性包含形连和意连两个方面。前者是指句子与句子之间的衔接,后者是指段落内部语义的逻辑性。形连和意连是不可分割的,缺少形连的段落则会使行文艰涩、不顺,影响文章的可读性;而缺少意连的段落会在语义表达上产生混乱。

1.形连

一个段落中,句子之间一方面要表意清楚,按照逻辑顺序排列正确,另一方面也要有必要的过渡,以使整个段落连贯、通顺。总体而言,实现句子之间的形连主要采用以下几种手段。

(1)使用代词

代词的使用能够很好地把句子联系起来,使句子发展成段落,因此代词对于段落的连贯性来说同样具有重要的意义。

(2)使用过渡性词语

过渡词是一种关系指引词,它是句子之间、段落之间实现连接的纽带。过渡词能够将两个含义联系起来,使读者能够把握二者之间的关系。过渡词一般包括代词、连词、副词(或能起副词作用的短语)、上下文的同义词等。

(3)重复重点词语或词组

实现段落连贯性的又一重要方法是重复重点词语或词组。

这种重复并非机械地重复前文出现的单词或词组,而是采用同义词或者近义词进行重复,以此增强表达效果,使段落更加连贯流畅。

(4)段落内部的一致性

段落的一致性主要表现在三个方面:时态、人称和数。在实际操作中,这三个方面的形式并非一成不变,可根据语义的需要适当变化,反之,不适当的变化会影响读者对段落的理解。因此,我们必须注意使段落内部各方面保持一致,从而使段落内容通顺流畅。

(5)使用平行结构

恰当地使用平行结构一方面能更好地连接语义,另一方面能够使行文工整,实现段落表达的连贯性。

2.意连

意连注重语义内在的连贯性,其常用的展开方式有三种:按时间顺序排列、按空间次序排列、按逻辑关系排列。

(1)按时间顺序排列

按照时间的先后顺序组织段落是最常用的一种方法。它一般按照人们的经历,先叙述先发生的事件,后叙述后发生的事件。

(2)按空间次序排列

按空间次序组织的段落一般是将读者的注意力首先集中在某一点上,随后从那一点对人、物体或者场面进行描述。这种描述和人们日常生活中对事物的观察是一致的,即从上到下,从一边到另一边,从远到近或者从近到远等。

(3)按逻辑关系排列

按逻辑关系排列一般涉及两种段落组织形式:一种是按强调次序组织段落,一种是按重要程度组织段落。

第一,按强调次序组织段落。按强调次序组织段落包括从一般到特殊排列和从特殊到一般排列。从一般到特殊排列即通常所说的演绎法,是指首先在段首的主题句中提出观点,随后通过具体事件等对主题展开论证、说明。

第二,按重要程度组织段落。段落的开展有时会按照事情的重要程度选择先说什么,后说什么。需要指出的是,这并不意味着我们必须先说重要的,后说次要的,而是应该根据语言表达的需要选择合适的组织方式。

第三节　写作与修辞研究的跨语言方法

聚焦于写作及其研究的"跨语言方法"首先在美国流行起来。跨语言方法认为,多语言写作的存在及其实践乃是一种写作常规。它认为,语言、语言使用者身份以及语境都是有时间性的,是言语行为不断变化的产物。跨语言方法鼓励人们带着一种主动的探究精神,尊重语言之间的已知差异。

一、语言和写作观

跨语言方法指出,写作是协调语言差异的场所,语言是一种实质的社会活动。差异是所有写作无法规避的特征,对一些作者和言说者所持有的主流文化特权加以反制,反对把一些写作和话语凌驾于另一些写作和话语之上。从跨语言的视角来看,不仅所有的言语行为都是通过语言进行的,所有的言语行为都是关于语言的。它同时认为,"模态"就像"语言"一样,其本身是对一种行为干预另一些行为以及参与这些行为的人的一种表述。这促使人们将关于语言的疑问纳入关于模态的讨论之中,同时对当前模态的概念及相关活动进行意识形态层面的反思。因此,跨语言方法就把媒介的全部功能回归语言,媒介构成全部的交流行为。

二、修辞观

跨语言方法使人们反思每个话语行为中所展现的言说者的

地位以及语言差异。当代修辞学对这一点也非常关注。当代修辞研究虽然意识到了话语行为中言说者的地位和语言差异的存在,但二者被排除在研究视野之外。当代修辞研究提醒人们注意语言及语言关系,认为二者既是修辞者活动的地域,同时还是修辞行为中持续出现的实际结果,语言和语言关系在所涉及的修辞行为和语境中是同构性的。跨语言方法使人们从认为语言只是惯性资源的观念转到言语行为上,这就要求修辞学者重新关注一些言语行为对另一些言语行为所产生的影响,以及有关言语行为的表述,这其中包括修辞研究法定的言语行为的表述——对之后的言语行为所产生的影响。

跨语言方法所要求的是一种修辞敏感性的培养,这种修辞敏感性认为语言是崛起中的、偶然的,而不是标准化的、静止的,并对语言进行批判性的反思。

致力于写作和修辞研究的跨语言方法,重新认识了语言差异,批判了单语制的语言意识形态。因此,跨语言方法使人们所关注的话语范围得以扩大,使人们针对话语的注意力得以转移。跨语言方法给修辞研究带来了新问题,为修辞学中疑问的探讨提供了新视角。

第六章　商务文体的写作与修辞

商务文体作为一种在国际贸易过程中使用得非常频繁的文体。为了实现其在商务活动中的应用价值的最优化，这一文体在遣词用字方面都有比较严格的要求，并呈现出语言简洁、词汇专业、套语格式鲜明等诸多语言特色，进而成为现代英语中具有典型特点的功能性变体，并在商务交流和商务活动中发挥着日益重要的作用。本章就主要围绕商务文体的写作与修辞这两大方面进行探讨和分析。

第一节　商务文体概述

商务文体大部分都是围绕"商务"这一主题活动开展的，近些年来，由于其使用人群巨大、使用范围广泛并展现出很高的使用价值这些特点，开始在语言学界等领域备受关注。并且，这一文体的使用对英语语言产生着特定的影响。下面就结合与商务文体相关的内容进行概述。

一、有关商务文体的几种观点

商务文体属于一种专业文体，其在中外经贸往来中得到了频繁地使用。同其他文体相比，商务文体具有一定的独特性，它体现了现代商务活动用语的基本特征，且涉及面也非常广泛。王兴孙认为，商务文体其实就是在商务环境中应用的一种文体，其是

第六章 商务文体的写作与修辞

专门用途英语的一种……商务英语已经发展成一门学科。此外,有关商务文体论述的观点见仁见智、不一而足,为了对"商务文体"有更深入、透彻的理解和把握,下面就结合国内外商务英语研究者所提出的一些具有代表性的观点进行分析。

(一)左飚的观点

根据左飚的观点,"商务英语"是一个比较模糊的概念……"商务英语"的内容在随着"商务"的含义发生着相应的变化……"商务英语"属于一个具有动态化特点的概念,其含义也在逐渐的扩大、延伸和发展……不管是从字面意义还是实践的角度进行分析,在"商务英语"中语言和业务间的关系均不是并重关系,而是主从关系……"英语"是这一层关系中的正,"商务"是偏。

(二)王关富、徐伟的观点

根据王关富、徐伟的观点,对一些诸如寻求建立业务关系、询盘、报盘以及订货等商品贸易程序进行重点介绍的"外贸英语"这一概念显然已经不能再反映目前的国际经贸的现状。相比较来看,商务英语或者国际商务英语之类的名称能更全面地涵盖我国所涉及的国际商务活动,也能较好地反映国际经贸的发展趋势。

(三)史天陆的观点

根据史天陆的观点,"所谓'商务英语'就其语言本质而言就是在商务、经贸领域内经常使用的反映这一领域的专业活动的英语词汇、句型、文体等的有机总和"。

(四)罗宾逊的观点

罗宾逊(Robinson)对国际商务英语的特征进行了归纳和分析,观点主要包括以下几个方面。

(1)与一定的商务背景知识相联系。
(2)具有明确的目的。

(3)以需求分析为基础。

(4)有时间方面的压力。

(五)桂诗春的观点

我国著名的语言学家桂诗春教授曾经在就专门用途英语这一话题进行讨论时曾经明确指出,"(专门用途英语)第三层意思是指专门用途的语体,如科技英语、计算机英语、化学英语、社会学英语……"。尽管桂诗春教授并没有明确地将商务英语列出来,但是可以肯定的是,在他看来,与科技英语类似,商务英语文体其实也是属于专门用途的语体。

(六)舒伊的观点

舒伊(Shuy)以商务话语语料的分析为基础,提出了其关于商务文体的认识,具体如下:

Each specialized language is more than mere specialized vocabulary…, it also includes syntax, semantics, document design, schemas, and perspective-taking.

他的这一观点很好地阐释了商务英语是由专门化词汇、专门化句法、语义等内容构成的专门化语言。

(七)艾利斯与约翰逊的观点

艾利斯与约翰逊(Ellis & Johnson)也认为:"The language that they use will be neither as rich in vocabulary and express, nor as culture-bound, as that used by native speakers, but will be based on a core of the most useful and basic structures and vocabulary."[1]根据其观点,商务英语是在商务环境中应用的英语,即已在从事或即将从事商务行业的专业人才所学习或应用的专门用途英语。由此可见,他们将商务英语视为专门用途英语的一

---

[1] 张佐成.国际商务英语探析[J].对外经济贸易大学学报,2002(4):53.

个分支。同时,他们还认为商务英语和专门用途英语在大纲设计、材料的开发与选择以及需求分析等方面都有着共同的特征。

(八) 皮克特的观点

根据皮克特(Pickett)的观点,商务英语是位于特定商务技术语言和普通大众语言的交界地带的一种"工作语言"或"中介性语言"。他还进一步指出,商务英语包含词汇层次和交际层次,几乎不涉及语法层次。

可见,对商务文体的理解呈现出多元化的状态。如果从英语社会功能变体的角度进行分析,商务文体属于一种社会功能变体;从专门用途英语的角度进行分析,商务文体是专门用途英语的一个分支;从学科专业的角度进行分析,商务文体是英语语言学科和商务学科所形成的交叉学科。从语言分析的角度进行分析,商务文体是在世界范围内各行各业的人们所使用的一种工作语言。

二、商务英语文体的分类

在传统文体学分类的视角下,商务文体并不是一个独立的文体形式,但就事实来看,商务英语是实用性文体项下的一个重要分支。并且,从商务英语学科文体特征的角度进行分析,商务文体其实应该属于实用文体之下的一个独立的文体。以此为基础,商务文体应包括以下七个子文体:(1)广告文体;(2)契约文体;(3)商务公文文体;(4)商务学术文体;(5)营销文体;(6)教范文体;(7)信函文体。下面就分别对这七大文体进行阐述。

(一) 广告文体

大部分的商业广告都旨在实现推销产品或者推出服务这些目的,因而广告文体就成为了一种具有很强商业价值的实用文体。在诸多商务英语文体中,可以说广告文体是"实用"特征体现得最为明显的一种文体类型。将语言运用于广告中就形成了广告文体,这一文体具有显著的劝说功能。然而,并不是所有的广告语言都是如此。例如,分类的商业广告主要是实现传递信息这一目的。

(二)契约文体

契约文体是指具有法律以及规章意义的文体。例如,合同、法律条文、提单、信用证、协议书、规章以及规则等。契约或者规章文体所涉及的文本通常与有关人员的权利与义务密切相关。因而,契约文体体现出明显的语言准确、描述客观、条理清晰等特征。为了规避歧义,契约文体的句式结构比较特殊,往往倾向于使用较长的句子。

(三)商务公文文体

商务公文具体指的是商务公司或者企业等商务机构所使用的交流、管理以及业务方面的文本。例如,公司文告、商务报告、备忘录以及商务建议书等。商务公文文体体现出明显的语气正式严肃、用词准确等特点,并且大多使用"大词"。通常情况下,一份商务报告的语言大多是客观、写实的,没有太多过分的渲染,在用词方面也比较正式,特别是在"建议"部分。

(四)商务学术文体

商务学术文体具体是指具有比较强学术价值的国际商务著作、论文、评论、教材以及学术报告等所表现出的比较正式且具有学术著作特征的文体。商务学术文体的主要特征是语言更加正式。不仅如此,由于这类文体通常会涉及诸多不同学科。例如,物流、经济、营销、金融等,因而商务学术文体中往往存在着很多专业性质很强的术语。

商务学术文体还属于一种正式文体,所使用的也大多是正式用语。换句话说,商务学术文体的文本通常带有"学究气",这种"学究气"尤其是在学术专著和学术论文中体现得最为明显。

(五)营销文体

营销文体具体是指具有营销性质和特征的文本。例如,促销演讲文稿、公司的介绍、价目表以及产品包装文字说明等。从严格意义上来说，广告也属于营销文体文本的一种类型。但是，由于广告是商务文体中的一个非常重要且特色非常明显的文本。因而，就将广告文体归为一个独立的商务文体了。营销文体文本所具有的共性就是语言清晰、明确并具有非常强的诱导性。这一类型的文体也非常重视斟字酌句，有时为了特殊需要还会使用一些具有宣传鼓动的语言，这一特点在促销演讲稿中表现得最为明显。

(六) 教范文体

教范文体具体是指一些具有指示功能的文本，这种文体具有很强的描述性的特点。例如，商品使用手册中对商品特征的描述以及有关如何使用该商品所发出的明确的指示。教范文体的文本语言明白易懂、具有很强的说服力。这种类型的文体通常使用祈使句型，用来指示或引导读者的行为。

根据我国学者刘宓庆的观点，教范文本英语具体是指各种类型的手册或专业指南，大到一些成册的工业装置说明书，小到一些普通机械或者家用电器的操作说明书、结构简介以及排除故障和维修的保养方法等都属于教范文体的范畴。教范文体还涉及以下方面的书面材料，如旅游指南、交通和驾驶员手册、邮政业务服务以及服药须知等。

(七) 信函文体

通常，信函是指从事国际商务活动中的人们之间进行商贸往来的函件。商务信函文体通常具有正式、用词讲究等特点。信函不仅要体现出规范、正式的格式文本，同时还讲究客气、委婉等。不仅如此，商务信函文体还会伴随着通信双方的关系而发生相应的变化。例如，在初次打交道时，所使用的信函通常较为正式，在用词方面也更加礼貌。但是，随着交往的深入，彼此双方较为熟悉之后，信函文体会逐渐显得有些随意。

第二节 商务文体的写作

基于商务文体专业性强并有着特殊功能这一特点,撰写各种类型的商务文体并非易事,并且在具体进行写作时还会遇到各种各样的问题,为了对商务文体的写作提供以指导,下面就围绕商务文体写作相关的内容进行研究和分析。

一、商务文体写作中的常见问题

(一)商务书信结构欠合理、重点不突出

在撰写商务书信时,为了使所表达的内容清晰、明确,通常在信的开头就开门见山,说明来函的意图。并且,几乎每一封信函都是围绕同一个主题展开的。为了突出重点,还应尽可能地避免使用松散的结构或者主题表述不明确的现象。下面就以一次课堂上的商务书信写作为例进行分析。

写作要求具体如下❶:

(1)十一月十二日来函收悉,获悉你方有意在贵国推销我们的自行车,对此,我方非常感兴趣。

(2)对你方为推销自行车所作的努力我方甚为感激。

(3)但对你方要求以见票后六十天承兑交单方式付款一事,我方难以考虑。

(4)我方的通常做法是要求即期信用证付款。

(5)为了促进我方自行车在贵方市场上的销售,我方准备接受即期付款交单方式,以示特别照顾。

(6)希望你方能接受上述付款条件并盼早日收到回音。

---

❶ 陈雁雷,梁军平.商务英语写作过程中常见问题研究[J].现代营销,2012(5):311.

通过分析上述的几点要求,书信的写作重点显而易见。就是商谈关于付款方式的问题。但是,在具体撰写这封信时,未必就能抓住所有重点。有些学生在写信时仅仅用大量笔墨来对对方来信以及销售所作出的努力表示感谢,但是对其中的付款方式进行用几句话匆匆带过。这就体现出明显的重点不突出的问题,这就非常容易造成对方的疏忽。有时在写作时,还可能会遇到以下情况,往往想面面俱到但是却面面不到。不管是哪一种商务文体,都必须围绕一个明确的主题,进行相应的取舍,不能东一榔头西一棒槌,应惜墨如金。

(二)存在口语表达化严重的现象

商务文体属于一种正式文体,从实质来看,商务文体是一种商务书面谈判。因此,商务文体自然而然的就应该使用书面语言,应遵循礼貌、克制、正式等特点。但是,在实际的商务文体写作中,却存在着明显的口语化表达的现象。例如:

We feel regret that we can't accept your terms of payment.

本例中的 can't 这一缩写表达形式就属于典型的口语化现象。商务文体这一书面语应尽可能避免使用这一表达。因而可将其更改如下:

We feel regret that we cannot accept your terms of payment.

(三)缺失敬语

频繁使用敬语是商务文体中的一大显著现象,恰当地使用敬语能够体现出贸易双方有礼有节的特点。并且,商务贸易中的双方在进行措辞表达方面使用敬语还是出于维护自己的尊严和利益,同时要充分考虑到对方的感受,因而为了维系感情必须字斟句酌。但是,有时在进行商务文体写作时经常容易犯缺失敬语的现象,有时甚至会犯措词使用过于唐突之嫌。例如:

We highly appreciate your efforts in pushing sales of our products, but we cannot accept your terms of payment.

本例中的前半句在表达上是没有任何问题的,但是后半句在表达上过于唐突,如果使用敬语或者进行委婉表达效果会更好。

(四)选词搭配欠合理

在商务文体中,存在着很多固定词组。如果能够恰当地适应这些固定表达,能够实现锦上添花的效果。如果选词搭配欠合理,就会出现弄巧成拙的效果。例如:

We are much obliged to your great efforts in selling our products obliged.

在这一表述中,就存在着以下固定搭配:be obliged to somebody for something… ,… be obliged by something…想要表达的是表示感谢或有责任做某事,可将其更改如下:

We are much obliged to your for your great efforts in selling our products. We are much obliged by your great efforts in selling our products.

二、商务文体写作中应坚持的原则

(一)专业化原则

在商务文体中,经常会涉及一些专业词汇、术语或专门的表达方式,这就需要写作者具备相关的背景和文化、商务知识,选择合适的术语、专业词汇以及专业表达方式进行表达。例如:

In handling account settlement businesses such as honor, remittance and trust acceptance negotiable instruments, a commercial bank should honor and enter the receipts and payment into the account book within the set period of time and must not hold down the bill or money order or return them in violating the law.

商业银行办理票据承兑、汇兑、委托收款等结算业务,应当按照规定的期限兑现,收付入账,不得压单、押票或者违反规定退票。

本例中的 honor, hold down, negotiable instruments, receipt 等词都属于专业词汇。

（二）礼貌原则

礼节和礼貌等通常会在商务文体中发挥着非常重要的调节重要，其不仅是进行自我推荐的有效名片，同时还利于强化一些商贸交往中的老关系并有助于建立新关系。同时，礼貌还能够非常巧妙地展现诚挚的友情、感谢以及真诚的礼貌、体贴的理解以及由衷的尊重等。在撰写各类商务文体时，也应注重措辞的得体性，同时还要坚持礼貌周到的原则，应随时注意理解，不要持以盛气凌人的态度，尽可能地避免使用一些命令或者粗鲁的不恰当的口吻。

（三）清楚原则

清楚也是商务文体写作中应坚持的重要原则。一封词不达意、含糊不清的商务文本通常会引起歧义或者误解，甚至会造成严重的贸易损失或者引发诉讼纠纷。坚持清楚原则通常应选择一些简练的词，规避使用一些模棱两可、含糊不清的表述。通常情况下，撰写商务文体时就需要将自己的意思清楚地阐释清楚，应便于对方准确理解。

（四）体贴原则

体贴原则所强调的是对方情况而不是我方的情况，商务文体写作中坚持这一原则的具体体现是多为对方考虑、并体谅对方的心情和处境。也就是说，在具体进行考虑时，要站在对方的立场对其不同的要求、兴趣、困难和愿望等给予充分考虑，充分理解对方的处境和心情，探寻一种最恰当的方式将信息传递给对方。

（五）简洁原则

简洁原则具体指的是在确保内容准确、完整的基础上，语言应力求清楚、简单，也就是用最少的语言表达传递最丰富、充实的内容。要想很好地坚持简洁原则,应摒弃使用一些陈词滥调和套话,而是使用直接、简洁的句式进行写作,力求表达精炼丰富、简明扼要,避免使用啰嗦表述,应尽可能使用简单的文字清楚、完整地进行意义的表达。

三、商务文体写作中文体意识的培养

(一)在词汇层次树立文体意识

就目前来看,人们一谈及文体学,就会想到借鉴斯威夫特的观点,即"把恰当的词用在恰当的地方"。然而,由于语域同文体间存在的巨大差异,在词汇选用方面也会存在诸多不同。甚至可以对英语的词汇类别进行不同角度的划分。共核语言概念将词汇中使用得最频繁的那一部分词和专业术语分割开了。此外,还可将词汇做进一步划分,具体如下。

(1)标准语和非标准语。
(2)区域语和方言。
(3)正式语和非正式语。
(4)书面词、普通词以及口语词。
(5)高雅语或粗俗语。
(6)褒义词,中性词或贬义词等。

因此,要按照不同的文体选择恰当的词汇,不仅要了解词的含义和意义,各类近义词以及不同的感情色彩和修辞色彩等。

(二)在句子层次树立文体意识

英语中存在着变化无穷的句子结构形式。对于大部分人而言,从句法的角度掌握倒装句、省略句、圆周句以及平行结构等是比较容易的,但是要想将其恰当地运用到不同类型的文体中却非常不容易。进而经常出现议论文中短句连篇但是论述逻辑性不强的现象,在论述文中存在着太多的长句但缺失活动、生动等现象。这些其实都是进行句子表达缺失文体意识的现象。商务文体写作中这些现象也普遍存在,因而在商务文体写作中应充分考虑到这一文体的简洁、清楚、具体等特点,同时还应对对方的情况给予充分考虑,总之应在句子写作中树立较好的文体意识。

(三)在语篇层次树立文体意识

语篇具体指的是任何的不完全受到句子语法束缚和制约的在特定语境下用以表示完整语义的自然语言。语篇的句际关系主要有以下几种情况。例如,顺序关系、并列关系、分指关系、解释关系、因果关系等。要想恰当地实现这些句际关系,通常需要依赖于词汇、语法、逻辑联系语、语用以及语义的含义等,只有这样,才能更好地保证文章的通顺、连贯。

第三节 商务文体的修辞

商务文体作为特殊用途英语的一大分支,它是一种实用性非常强的文体。为了更有效地凸显其"实用性",其在音韵、词义、结构以及语篇方面都非常注重修辞的运用,下面就对商务英语文体中比较常见的修辞特征进行探讨和分析。

一、音韵修辞

(一)头韵

恰当、有效地运用音韵修辞格能够充分发挥语言的音乐美、整齐美,极大地增强语言的表现力与感染力。商务文体通常运用头韵来使广告词朗朗上口,易于记忆。例如:

Good taste to the last drop.

滴滴香浓,意犹未尽。(麦斯威尔咖啡广告)

在这则广告中,充分运用了"taste"和"last"两个词押尾韵,这

一音韵修辞的使用使这一广告充满悦耳的韵律感,同时利于受众接受该产品的宣传,并产生想体验的想法。再如:

Magnetic, Magnificent Meryl.

美貌动人、美名高筑的美瑞尔!

这是一则有关女性服装品牌的广告,其中的 Magnetic, Magnificent 和 Meryl 构成头韵,其相应的译文"美貌""美名""美瑞尔"也较好地传递了这种音韵效果,从而对于产品的宣传起到积极的促进作用。

(二)尾韵

尾韵修辞也在商务文体中得到了广泛的运用,这一修辞格的运用能够获得语句的美感,令消费者回味无穷。例如:

Workout without wearout.

本例是一则有关运动鞋的广告。广告非常简短,仅仅包含三个单词,但是,每个单词既押头韵,又押尾韵,不仅读来铿锵有力,使消费者仿佛听到了强劲的脚步声,还充分体现出产品的独具匠心,令人难以忘记。

二、词义修辞

为了力求表达的精当、准确,商务文体经常使用各种各样的修辞,下面就对商务文体中使用得比较频繁的修辞进行具体分析。

(一)拟人

拟人修辞格大多将物当作人来描写,并将人的言行或思想情感赋予物,这样不仅能够带动读者的感官体现、充实其想象力,而且还能够极大地增强表达的感染力和生动性。商务文体中通常运用拟人修辞来实现接近与潜在客户的心理距离这一目的。例如:

A royalty is regarded as a wasting asset as copyrights, patents, and mines have limited lives.

如同版权、专利和矿井都有其使用寿命,专利使用费是一种可耗费资产。

在本例中,lives 的使用就属于拟人修辞,生动地体现了版权、专利、矿井及专利使用费等收益特点。

(二)明喻

明喻就是用具体、浅显、熟知的事物描写或说明抽象、深奥、生疏的事物,借以实现形象、生动、传神达意的修辞效果。商务文体有时会运用明喻修辞将两种具有共同特征的事物或者现象对比,来实现特殊表达的效果。例如:

Today, it is like a thriving sakura!

今天,这家银行就如一棵繁茂的樱花树!

本例是一则日本樱花银行的商务广告。樱花是日本国花,原文巧妙利用樱花在日本民众心目中的形象来树立企业形象,实现了很好的宣传效果。

(三)夸张

尽管夸张这一修辞手法有言过其实的修辞效果,但是,在商务文体中,有时为了实现加深受众印象、引发受众联想或者增强商务语言的感染力等效果,适当地使用夸张就很有必要。例如:

They murdered us at the negotiating session.

谈判时他们枪毙了我们的方案。

本例中 murdered us 就是夸张修辞手法的运用,目的在于强调谈判失败的后果,使得表述更加生动有效。

(四)反语

反语修辞格具体是指故意使用一种同客观事实完全相反的表达方式来制造特殊的语言表达效果。在市场竞争日益加剧的形势和背景下,商务文体中通常借助于反语这一修辞的使用来实现标新立异的语言表达效果,以引发消费者的思考和对产品的关注。例如:

The more hot water you use, the more money it saves!

本例源自一则热水器广告。这则广告的字面含义是"热水用得越多,钱省得越多",这一说法从逻辑上分析是违反常规的。但是,正是通过前后语义的矛盾来有效地激发读者的好奇心,使他们能够继续阅读下面的热水器具有优异的性能这些相关内容。

(五)委婉语

委婉语是基于听话人的角度对措辞进行的调整,这种修辞是为了避免使用粗俗、直白的表达来实现得体、文雅、易于受众接受的效果。这种委婉修辞的使用非常常见。例如,在一个人所收藏的女友的几封信中,通过观察信末尾客套语的使用就能看到他们之间关系的发展变化,同时也能看到为了调整语辞使传情达意更为适切的一种努力。例如:

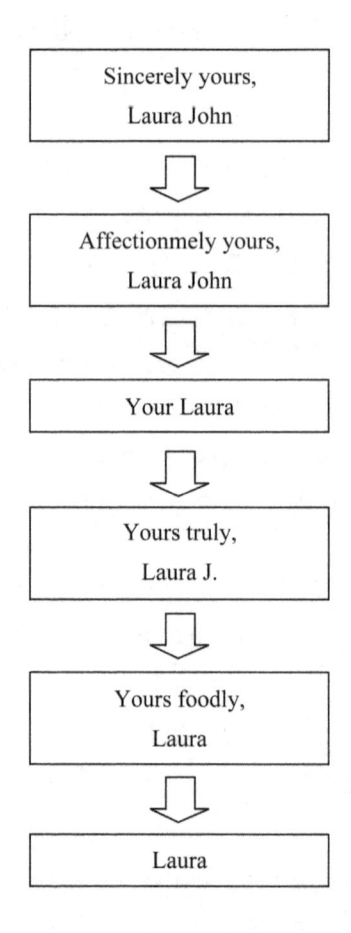

Sincerely yours,
Laura John

⇩

Affectionmely yours,
Laura John

⇩

Your Laura

⇩

Yours truly,
Laura J.

⇩

Yours foodly,
Laura

⇩

Laura

第六章　商务文体的写作与修辞

在商务文体中,交际双方有时会存在意见的不一致,而如果直接拒绝对方就很容易使对方陷入尴尬的境地,最终造成交际的失败。巧妙地使用委婉语,不仅能够使自己的意见以礼貌的方式传递给对方,还能给双方都留有回旋的余地。例如:

Unfortunately, we could not accept your offer. Your prices are prohibitive.

遗憾的是,我们不能接受你方报盘。你方价格过高,不敢问津。

本例中的 could not 属于委婉表达,这一委婉修辞的使用不仅维护了对方的面子,而且使对方更加易于接受。

You are requested to make necessary amendment to the L/C and advice us by telex before December 6.

请对信用证做必要修改,并于12月6日前电告我公司。

本例中用"You are requested"代替"We request"这一语言现象就是委婉表达的恰当使用,不仅弱化了we的位置,又极大地提升了对方的受重视感,从而使表达更加得体。

(六)隐喻

隐喻也属于一种含蓄的比喻。其也是商务文体中使用得非常频繁的一种修辞手段。例如:

A woman express herself in many languages, Vimal is one of them.——Vimal Saree

女人用多种语言表现自己,维米纳尔就是其中之一。——维米纳尔纱丽服

该例中,妇女服饰品牌 Vimal Saree 被比作 language,表达了这种服饰就像语言一样可以直观地传达出女性的魅力所在,潜意识下表明了该品牌的特殊之处。

(七)仿拟

仿拟修辞格是通过对人们所熟知的成语、谚语等进行变更与

模仿,来实现活泼、俏皮、幽默等效果。商务文体中通常借助于仿拟修辞的使用来吸引消费者的注意力,并提升产品的知名度。例如:

My goodness! My Guinness!

我的天啊!我的Guinness!

英语中常用"My goodness!"来表示惊叹,本例就是对这一表达的仿拟。具体来说,Guinness是爱尔兰的一个畅销啤酒的品牌,不仅Guinness与goodness具有相同的头韵与尾韵,goodness还在消费者心中勾画出饮用Guinness时赞不绝口的景象,从而产生极强的感染力并激发出消费者对产品的向往之情。

(八)借代

在商务文体中,还往往用一个表示具体形象的词来表示一个事物、一种属性或一种概念,表现为将具体词语的词义作抽象化引申,引人联想,并起到修饰语言的作用。例如:

Viewing such problems with a humorous eye and avoiding the syndrome of taking yourself too seriously can make all the difference in keeping negotiations on track.

如果用幽默的眼光来看待这些问题,让自己避免过分严肃,对谈判沿着既定的轨道前行具有十分重要的作用。

本例中利用人体器官eyes(眼睛)这一具体器官的形象引申出其所产生的行为——眼光,使得句子在表述上形象、轻松,在很大程度上缓和了话题的过分严肃性。

(九)双关

恰当地使用双关的修辞通常能够使话语具有幽默色彩。在商务文体中,经常会利用同音词、谐音词与一词多义的词等手法来实现双关。例如:

The Self-Made woman.She's living better all the time.

《自我》成就的女性,生活永远如此称心。

该例中,Self-Made 的使用实现了双关,因为其具有一词多义的特点。Self 即有"自我"的含义,同时还是一本妇女杂志的名称,故 Self-Made 暗示了阅读《自我》杂志的女性在生活上都是称心如意的,这就可以号召大量女性来阅读该杂志。

三、结构修辞

商务文体中经常使用的结构修辞有以下几种:反复、排比、倒装句、对比。下面就对这些修辞手段进行探讨。

(一)反复

商务文体通常运用反复修辞来强调所表达的内容,引起话语接受者的注意,这种修辞的使用比较常见的有以下几种情况。

1.句首的重复

句首重复(anaphora)具体是指开头段连续使用重复的短语或句子。例如:

Increased productivity must be our new motto.
Increased productivity must motivate our every action.
Increased productivity must haunt our dreams.
Increased productivity will ensure our success.
提高生产力必须是我们新的座右铭。
提高生产力必须激励我们的每一个行动。
提高生产力必须时常萦绕在心。
提高生产力将确保我们的成功。

本例对句首短语 increased productivity 进行了重复,从多方面说明了提高生产力的必要性,对这一观念进行反复强调,有利于该观念尽快深入人心。

2.重复句中的某一关键词

重复某个关键词(repetition of a key word)能够帮助语言发

出者建立主题思想,让语言接收者有意识或无意识地熟悉这个词带来的信息。例如:

She is a leader:a leader in the workplace,a leader in her church,and a leader in the community.

她是领导:是工作上的领导,是教堂的领导,还是社区的领导。

该例中,通过对 leader 一词的重复实现了强调的目的,充分表达了其牢固的领导地位,从而将她的领导形象深深刻在人们心中。

3.结尾重复

结尾重复(antistrophe)是指结尾段落连续使用重复的短语或句子。与句首重复一样,结尾重复也是为了强调这些语句。例如:

Our stockholders will win.

Our employees will win.

And,best of all,our families will win.

我们的股东将会获益。

我们的员工将会获益。

另外,最让人高兴的是,我们的家族将会获益。

该例中,对句末短语 will win 进行了重复,强调了人们获益的范围是非常广泛的,即表明了这次成功将使所有人都获得利益。

(二)倒装

商务文体中也常常通过改变语序,倒装句子来实现有所指、有所强调的交际意图。试比较下面一组句子。

(1)A sample of a similar cloth,of exactly the same color,which we have in stock,is enclosed.

(2)Enclosed is a sample of a similar cloth,of exactly the

same color, which we have in stock.

附上一块目前有现货的,颜色几乎一样的相似布料。

对于同一个句子,使用的英语句型却是完全不同的。(1)句使用的是普通的、正常顺序的句子,因为主语很长且位于句首,给读者的感觉是头重脚轻。(2)句通过倒装改变了句子中词语的顺序,读起来更加合理。

(三)对比

商务文体中经常使用对比的修辞手法使一句平衡对称的句子在意思上截然相反,形成强烈对比。例如:

There is a large group of active and innovative companies who devote themselves to increasing the productivity. While there always a large group of laggard and stereotyped companies who devote themselves to gnawing government subsidy.

很多积极的、创新的企业都致力于提高生产力。然而还有很多落后的、守旧的企业致力于啃食政府补贴。

本句通过 active and innovative 和 laggard and stereotyped, increasing the productivity 和 gnawing government subsidy 两组意象的对比,表达了两个方面的意思。

(1)赞美了前者的创新精神。

(2)批评了后者不思进取、腐败落后的企业作风。

(四)排比

在商务文体中,排比也是一种常用的修辞格。这种修辞结构使读者强烈感受到排比结构内部的关系,起到加强语气、强调重点的作用。例如:

If a man runs after money, he's money-mad; if he keeps it, he's a capitalist; if he spends it, he's a playboy; if he doesn't get it, he's a never-do-well; if he doesn't try to get it, he lacks ambition. If he gets it without working for it, he's a parasite; and if he accumulates it after a lifetime of hard work, people call him a fool who never got anything out of life.

只追求钱的人是疯子;只攒钱的人是资本家;只花钱的人是花花公子;挣不到钱的人是小混混;不愿意挣钱的人是没有包袱的人;想不劳而获的人是寄生虫;一辈子只为挣钱的人则是傻子。

该例中,整个段落列出了七项有关 money 的种种行为,并通过这种排比结构讽刺了一些人、批评了一些人,在一定程度上加强了人们对于如何花钱这方面的正确认识。

四、语篇修辞

(一)巧妙使用圆周句

圆周句的使用具体指的是在很多从句中将话语的重点置于句末的这一语言现象。频繁使用圆周句也是商务文体在语篇修辞方面的一大显著特点。商务文体中使用圆周句通常能够实现以下几大目的,或者是为了进行强调,或者是为了引起对方的注意,也可能是为了减弱不利信息所造成的影响。例如:

Although profits are down, morale remains high.

尽管利润下降了,但我们的道德水平依然很高。

本例中通过使用 although 来引导让步状语从句,并以此说明后面的句子为语言表述的重点,因而这一句话表达是一个圆周句。其中,profits are down 这一不利消息以状语从句的形式被放在了前面,而话语中心则被置于后半句上,因而整个句子就句子含义进行分析,在很大程度上减弱了不利消息对听话人的影响,对好的一面加以强调。

(二)恰当使用松散句

同圆周句存在着很大的不同,松散句大多是句子中心放在前半部分用以提出主旨。恰当使用松散句也是商务文体语篇修辞的一大显著特征。例如：

The Buyer may cancel its order through a telegram to the Seller, which is required to get to the latter prior to the beginning of any shipment.

买方可以通过电报通知卖方取消订货，但此电报需在货物装运之前到达卖方。

本例中先明确了话语的主题即"取消订单"，然后在后半句进行了具体的说明：不是任何时候都可以取消订单，只有在货物装运之前将取消订货的电报传达给卖方时才可以。

（三）长句和短句的交错使用

很多商务活动大多都讲究高效、经济的做事风格，因而在很多商务文体中通常使用短句，来体现简洁、明了表达特色。但是，在某些特殊的情况下，特别是涉及一些同数字、利益相关的问题时，为了进行准确的交流并尽可能地避免误解，商务文体还往往使用长句。这样一来，就在商务文体中出现了长、短句交错使用的情况。通常情况下，商务文体在表述一些重要的观点时大多使用短句，但是，在进行解释说明时就倾向于使用长句。例如：

We are interested in ordering from you 100 sets of Forever Brand Roadster and shall be pleased if you will kindly cable us the lowest offer CIF Hamburg including our commission of 3 percent and also your terms of payment and time of shipment. Please be quick.

我方有兴趣向你方订购100辆永久牌跑车。如果你方能够电告最低价格(CIF,汉堡)包括我方3％佣金和付款方式、装运时间，我方将很高兴。

本例中一共包含两个句子。第一句属于长句，且几乎包含了所有与洽谈事宜相关的信息。第二句属于短句，用以表达发话人的强烈愿望。这种长句与短句的交错使用使得商务文本显得主次分明、结构严谨，读起来也更加顺畅。

第七章　旅游文体的写作及修辞

随着交通与通信的发展以及经济全球化的深入,旅游业得到了长足发展。越来越多的人走出家门、跨出国门,去其他地方领略不同的风景与文化。在这样的时代背景下,旅游文体作为一种实用文体发挥着越来越重要的作用,对旅游文体的写作与修辞进行研究就具有十分重要的现实意义。

第一节　旅游文体概述

一、旅游文体简述

(一)旅游的定义

很多国内外学者从不同的角度为旅游进行了定义。

英国学者伯卡特和梅特列克(1974)强调,旅游是人们离开平时生活的地方,短期住在一个旅游目的地的各种活动。这个定义比较强调旅游的两大特征:异地性和暂时性。所以,缺少了这两个特征中的一个,旅游就不能称其为旅游。❶

德国的蒙根·罗德(1927)指出,狭义的旅游是消费者为了满足生活和文化的需要,暂时离开自己的住地而逗留在异地的人的

---

❶　转引自(英)库珀(Cooper,C.)等编著,张俐俐等编译.旅游学(第 3 版)[M].北京:高等教育出版社,2007:56.

交往，这是从交往的角度出发提出的定义。在异地旅游中，旅游者必然会和当地人进行各种内容和形式的交往，这种交往影响着旅游者的生活和文化。

我国学者谢彦君(2004)指出，旅游是个人以前往异地寻求愉悦为主要目的而度过的一种具有社会、休闲和消费属性的短暂经历。该定义非常强调旅游带给人们的愉悦体验。从这个角度出发，人们旅游就是为了寻求身心的美好体验，进而达到精神境界的提升以及人文素养的增强。

我国经济学家于光远(1985)认为，旅游是现代社会中居民的一种短期性的特殊生活方式，具有异地性、业余性和享受性的特征，这是从生活方式的角度出发提出的定义。旅游作为一种生活方式，不仅支配着人们的生活状态，也是人们发自内心的选择。旅游是人们文化生活的前沿领域，能让人们感知生活。

综合上述观点，本书认为，所谓旅游是指非定居者的旅行和暂时居留而引起的现象和关系的总和。

(二)旅游文体的定义

随着社会的发展以及人们生活水平的提高，旅游已经成为人们日常生活的一部分。相应地，旅游文体的作用也日益突出。

概括来说，旅游文体就是专门为旅游业提供服务的一种实用文体，它随着旅游语境的产生而产生，随着旅游产业的规模的壮大而发展。从功能来看，旅游文体承担着介绍浏览行程、宣传旅游景点、提供旅游指南等多种功能。为更好地实现既定目的，旅游文体往往体现出信息量大、短小精悍、生动活泼、通俗易懂的特征。

可以毫不夸张地说，旅游文体是当今社会的一种重要交流媒介，对于社会经济的发展和中西文化的交流发挥着不可替代的作用。

二、旅游文体的语言特征

一般来说，旅游文体的语言特征主要体现在词汇、句式等两个层面。

（一）词汇特征

1.使用数字

旅游文体中的数字不仅有利于提高宣传内容的准确性与可信度,还有利于游客在心理上快速建立起对目的地的初步印象。例如：

Many of the grandest Las Vegas casino hotels are located along the strip. More than a dozen giant theme oriented casinos are on the strip. Even the smallest has over 2,000 rooms. Each one contains thousands of slot machines, hundreds of gaming tables, multiple restaurants, shopping malls and theaters featuring "Las Vegas Shows".

本例中出现了很多数字,如 a dozen,2,000,thousands of, hundreds of 等。这些数字的运用使描述更具体和形象化,在提升可信度的同时,也使人们很自然就能感受到拉斯维加斯的繁华与娱乐特色。

2.选用关键词

一般来说,关键词具有清晰明了、简短精悍的特征,既包含着深刻的含义,又有利于体现文本的主题。因此,旅游文体中常使用一些精心挑选的关键词。例如：

> THE GATE THEATRE
> Built in the 18th century to
> entertain Barry & Carolyn when
> they came over from New York
> last week

Ireland has an extraordinary amount to offer anyone looking for a great night out.

Restaurants, theater, the opera and more. We'll save you a seat. Call 1,800 shamrock or visit our web site for more information.

Your very own Ireland.

Discover it at discoverireland.com.

本例出自爱尔兰旅游局的一则促销广告。牌匾上的 built in the 18th century 极易给游客留下一种回归历史的感觉,而 discover 一词十分有利于将游客的好奇心充分激发出来。这些关键词都运用得恰到好处。

3.使用外来词

旅游文体中的外来词语不仅能创造一种强烈的异国情调,还有利于从心理层面提升外来词使用者的身份认同感与民族自豪感,从而促进与游客之间的互动。例如:

If you are lucky, you may also see the world famous Sri Sri Radha Londonsivara.

本例中,Sri Sri Radha Londonisvara 是伦敦的一个寺庙名称,直接来源于印度语。

4.使用简单词语

旅游文体中较少出现一些生僻词汇。此外,一些容易造成误解的词汇也较少出现在旅游文体中。这是因为,旅游文体的根本目的是为了对景点进行宣传,因此大多选用一些简单易懂的词汇。例如:

In the summer months, Interlaken sets the scene for culture as well as sport. Several events already enjoy a long tradition and are as much a part of Interlaken as the acclaimed view of the Jungfrau massif.

夏季,因特拉肯的文化活动和体育活动一样精彩纷呈。有些活动历史悠久,成为少女峰地区一道不容错过的美丽风景。

This Kona Coast dive site is possibly the most beautiful, diverse, easily accessible, interesting dive location we have on the Island of Hawaii. It is at Honaunau Bay, just north of the National Historic Park.

科纳海滨潜水区很可能是夏威夷岛上风景最优美、海洋生物最多、交通最便利、最富乐趣的潜水景点。该潜水区位于火奴鲁鲁湾,美国国家历史公园的北部。

上述两例均使用了一些普通的简单词汇,对于游客的理解十分有利。

5.使用专门词语

作为一门综合性很强的交叉性学科,旅游不可避免会涉及其他一些相关学科,如宗教学、文学艺术、历史学、心理学、地理学、文化学、美学等。因此,旅游文体中常常会出现一些跨学科的专门词语。例如:

……

On the right, a relief of Love of Country is composed of a series of personifications which offer symbolic crowns, while a victorious hero, leaning on the mythological sword of the Titans, is transported in a triumphal chariot. Another group in the long procession carries a brazier containing the sacred fire.

(资料来源:丁大刚,2008)

本例除包含一些旅游词汇之外,还涉及艺术、历史、建筑、宗教等多个学科的专门词汇。

6.使用第二人称代词

在人称表述方面,旅游文体常使用第二人称,以此来更好地突出游客心中的自我中心地位,接近与游客的心理距离。需要特别说明的是,旅游文体中的第二人称是一种泛指,因此并不指代特定的人群。例如:

Yet in spite of this, you can still find some of the city's grand past.

尽管如此，还是可以找到一些这个城市辉煌的过去。

You'll not only find sport here, but also culture…and emotion.

这里，您不仅可以体验体育运动，还可以尝试各种文化活动，一切充满了激情。

本例使用了第二人称，令读者心理倍感亲切。

7. 使用描述性强的词语

为了更好地渲染优美的景色以及景点的特色，从而为游客留下深刻的印象，旅游文体常使用一些具有很强描述性的词语来增加语言的说服力。例如：

Welcome to breath-taking views, unforgettable moments and impressive scenery. Springtime in Interlaken debauches with blooming landscapes, natural alpine air, crystal clear rivers and rustling waterfalls. Snow-covered mountains and sunny days invite for spring time skiing in the Jungfrau region.

欢迎前来欣赏令人叹为观止的美丽风光。春天的因特拉景色宜人，让人流连忘返，这里有纯净的山区空气、水晶般清澈剔透的河水和哗哗作响、飞流直下的瀑布。另外，白雪皑皑的高山和灿烂明媚的阳光都在热情地迎接您春天来赏女峰地区滑雪。

为了将 Interlaken 纯净的空气与旖旎的风光充分展现在游客面前，本例使用了诸多描述性较强的词语，如 breath-taking, unforgettable, blooming, crystal clear, rustling, snow-covered, sunny 等。

8. 使用缩略词和复合词

缩略词通常由每个单词的第一个字母组合而得到，或者由单词某个部分截短而形成。此外，用某个简单的写法代替原来复杂的写法也属于缩略词的一种。一般来说,缩略词的构词规律较为简单,能很好地满足旅游文体节省篇幅的需求,因此常出现在旅游文体中。例如:

user id＝user identity

campsite＝camping site

biz＝business

LTB＝London Tourist Board

LHR＝London Heathrow Airport

B&B＝bed and breakfast

复合词具有灵活多样、形式丰富的特征,有利于满足旅游文体多样的表达需要。在很多情况下,旅游文体甚至会创造多种多样的复合词。例如,holiday farmhouse,theme park,half-board,honeymoon,forthcoming 等。

9.使用形容词最高级形式

为了使所描述事物的特征更加突出,旅游文体还常使用形容词的最高级形式。例如:

Windsor Castle is the oldest and largest occupied castle in the world.

为了使 Windsor Castle 的特性更加突出,本例使用了形容词的最高级形式 oldest 和 largest,为游客创造出浓厚的神秘感,将游客的兴趣充分调动起来。

10.使用积极和令人愉快的词汇

为了有效调动游客的积极性并督促他们采取实际行为,旅游文体常在对景点与服务进行介绍的过程中使用一些具有积极含义且令人愉快的词汇。例如:

The Seychelles:an archipelago of gold and light. These little isles blessed by the gods have been solely for sensations and feelings of tenderness and beauty.

本例使用了很多能够将游客兴趣与情感调动起来的积极词汇,如 gold,light,blessed,tenderness 和 beauty 等。

(二)句式特征

1.使用祈使句

旅游文体具有呼唤功能,即劝说、敦促或提醒游客及时把握旅游机会,因此祈使句经常出现在旅游文体中。需要特别说明的是,旅游文体中的祈使句不表示命令。例如:

To make the most of Disneyland—the ultimate escapist fantasy and the blueprint for imitations worldwide—throw yourself right into it. Don't think twice about anything and go on every side you can. The high admission price($36)includes them all, although during peak periods each one can entail hours of queuing. Remember, too, that the emphasis is on family fun; the authorities take a dim view of anything remotely anti-social and eject those they consider guilty.

为充分利用迪斯尼这座闻名于世而又远离现实的最高幻想胜地和模仿乐园,让自己沉浸其中吧。这里,不必三思而后行,尽享每一种活动。高价门票(36美元)涵盖所有活动,当然高峰期需要排队达几个小时。不过,请记住:最重要的是享受家庭之乐。管理处禁止任何反社会行为,会将扰乱秩序和制造事端者逐出园去。

本例将祈使句的劝说功能充分发挥出来,实现了调动读者的旅游欲望的作用。

2.使用简短句

一般来说,简短句节奏明快、短促有力,还能够实现朗朗上口的效果。因此,旅游文体常使用简短句。例如:

Welcome to heaven on earth—a summer vacation paradise at

an altitude of 1,050 meters.Engelberg entices both young and old with its attractive range of offers and activities.Who could resist the temptation of spending several unforgettable days in the heart of Central Switzerland? Scope out the town on e-bikes or let the new Brunni cable car transport you closer to the sun in just a matter of minutes.

欢迎来到人间天堂——海拔1050米的夏季度假天堂。英格堡丰富多彩的报价和活动吸引着男女老幼,在瑞士中部心脏地带度过几个难忘日子,谁能抵得住这样的诱惑?可以骑着电动自行车在城镇附近兜风,也可以乘坐新的布汝尼缆车,在短短几分钟内登上高山之巅。

本例的信息量较大,但表述却十分清晰、有条理,十分有利于读者的理解,这在很大程度上得益于简短句的使用。

3.使用复杂句

复杂句通常包含一些短语或从句,有利于将信息之间的内在逻辑关系体现出来。虽然旅游文体常使用简短句,但在某些特殊情况下也常使用复杂句。例如:

There's no end to activities in this great metropolis,whether your tastes run more toward historic attractions, cultural pursuits,shopping or after-hours partying.

这座大城市的活动丰富多彩,不管您喜欢历史景点还是文化大餐,不管是购物还是下班后派对,这里都能满足您的不同兴趣。

本例中,信息之间的逻辑关系较为复杂,因此使用了复杂句,既含有由whether引导的从句,从句中又包含并列名词短语。不难发现,复杂句的使用将句子的结构清晰明了地展现了出来。

4.使用疑问句

疑问句向读者抛出问题,不仅有利于启发读者的思考,还能够拉近与读者的心理距离,为他们带来亲切感,因此常出现在旅游文体中。例如：

Would you like to travel through Switzerland without having to lug around heavy bags? Then why not try the Express Baggage service available to rail passengers travelling to and from 45 different destinations in Switzerland.

想在没有沉重行李拖累的情况下在瑞士各地旅行吗？试试瑞士45个旅行目的地为铁路乘客提供的行李快运服务吧。

本例首先抛出一个问题，然后为读者提供了解决办法，能够使读者在自然而然的状态下接受文本中的信息。

5.使用多种时态

英语中的时态除表示时间范围之外，还具有一些特殊的用法。旅游文体常常根据具体情况的需要而对时态进行灵活运用。

(1)使用过去时

有些景点不仅历史悠久，还往往具有丰富的文化内涵。为使读者更好地理解其历史人文特征，旅游文体往往采取过去时。例如：

Located in one of the England's most densely populated areas, Manchester expanded in the 19th century with the opening of the Manchester Ship Canal. The trade coming in from this major inland port combined with the Industrial Revolution turned Manchester into a major business hub.

曼彻斯特坐落在英格兰人口最密集的地区之一，19世纪随着其通海运河的开通而不断扩展，来自这一主要内陆港口的贸易和工业革命的发展使曼彻斯特成为重要的商业枢纽。

曼彻斯特是英国的历史名城，为了增强其历史厚重感，本例采取了过去时。

(2)使用一般现在时

为了突出旅游所能带来的特殊体验，并使这种经历看上去更加持久、永恒，旅游文体常运用一般现在时。例如：

Are you too old for fairy tales? If you think so, Copenhagen is sure to change your mind.

您真的到了不想听童话的年龄吗？如果真的这么想，哥本哈根一定会改变您的想法。

本例使用了一般现在时，有效增强了景点的现实感，有利于敦促读者尽快做出旅游决定。

(3) 使用将来时

在一些特殊情况下，旅游文体需要将对未来的渴望表达出来，此时常使用将来时。例如：

Tomorrow I fly to Tel Aviv. A car awaits me.
After that... I have no idea.
Galilee, Jerusalem, the Mediterranean?
I will follow my star.

为了描绘对未来的美好向往，本例的最后一句使用了将来时。

第二节　旅游文体的写作

旅游文体的写作对于传播旅游，促进旅游产业发展非常有利。由于旅游文体包含不同的内容，本节就对不同旅游文本的写作技巧进行探究。

一、旅游手册的写作

旅游手册属于信息型和描述型文本，主要是向游客介绍目的地的游览景点、住宿、交通、餐饮等信息。旅游手册主要由两部分构成，分别是语言文字部分和非语言文字部分。语言文字部分包含标题、口号、正文等，非语言信息包括标识、插图、地图等。以下就对旅游手册的语言文字部分的写作进行说明。

(一)标题的写作

旅游手册的标题是对正文的概括,具有简洁清晰、一目了然的特征。旅游手册标题的命名方式有很多种,可以以旅游活动方式命名,也可以以目的地加上描述目的地的概括性语言为标题等。例如:

Biking & Hiking

骑车游与徒步游

该例是以旅游活动方式为标题。

Kent Country Tours

肯特乡村游

该例是以旅游目的地加旅游活动方式为标题。

London Walks Winter 2007/08 November 1—April 30

徒步游伦敦 2007 年 11 月 1 日至 2008 年 4 月 30 日冬季旅游手册

该例是以旅游目的地加旅游活动和时间为标题。

(二)口号的写作

与广告口号类似,旅游手册的口号也具有言简意赅、固定性等特征,能突出旅游目的地或旅游设施的不同之处。旅游手册文本口号的撰写要注意所用语句尽量短小,多用节奏感强的口语表达,以便于游客阅读和记忆。例如:

The Way Life should Be…

生活理应如此……

A WORLD YOU NEVER KNEW STILL EXISTED

一个你从未听说但存在的地方

(三)正文的写作

正文是旅游手册的主要内容,具体包含以下内容:对目的地或旅游设施进行评价性断言;对目的地或旅游设施的历史进行简要说明;介绍主要的旅游景点;说明细节信息,如位置、价格等;描述规章制度,如禁止给动物喂食,禁止拍照等。正文的写作除了要注意主要内容,还要注意语言的使用。

1.将时间、地点状语作主位成分

为了突出旅游手册中的时间、地点的信息,可将它们作为主语成分。例如:

Around the year 1240, King Henry Ⅲ made this tower his home. He whitewashed the tower, widened the grounds to include a church, a great hall, and other buildings. He renamed the entire new area the Tower of London, and renamed the Tower the White Tower…

In 1377, when Richard Ⅱ was king, the Tower continued to be a stronghold. But four years later, on June 14, a group of overtaxed farmers stormed the Tower…

…

After the death of Henry Ⅷ, the Tower of London was never again used to house an English queen or king. …

But the Tower of London was not always a place of celebration. On May 19, 1536, Anne Boleyn was executed under Henry's orders at the Tower Green. …

Elizabeth was innocent, and people knew it, leading to a public outcry. … In 1558, Elizabeth became the queen of England. … On January 15, 1559, she left in a festive parade to be crowned at Westminster Abby. Elizabeth would never return to the Tower.

In 1603, part of the Tower of London became a museum. King James Ⅰ had ordered that the royal jewels be kept in the Tower Jewel House and be put on display for the Tower visitors. …

该例就将时间状语都放在了句子的开头,实现了状语的主位化。

2.使用名词

在撰写旅游手册时,应多使用名词及名词短语,这样可使信息更加突出,也便于读者理解。例如:

Details

Days:Every day(except Monday)

Estimated departure time:3:00 p.m.from your accommodation

Length of the treatment:about 4 hours

Minimum participants:2 people

详细信息

日期:每天(除了星期一)

出发时间:下午大约3点钟从住处出发

治疗时长:大约4个小时

人数:最少2人

总体而言,旅游文体有着自己特性和修辞特征,在撰写旅游文本时应充分了解旅游文体的特征,并掌握一定的写作技巧,并灵活运用这些技巧,以写出准确、科学、富有语言魅力的文本。

二、导游词的写作

所谓导游词,就是导游在指导游览时讲解说明、交流情感、传播文化所使用的语言。导游词的写作应注意以下几个方面。

(一)使用口语化表达

导游词是讲给游客听的,其目的是向游客传递信息,使游客顺利地完成旅游活动,因此导游词应使用亲切自然、通俗易懂的口语化表达。例如:

Cannon Hill Park is one of the premier parks in Birmingham and has been awarded Green Flag status. With beautiful flowerbeds, lakes, pools and a wonderful collection of trees, it's easy to see why. There's plenty of opportunity for exercise at the park's tennis courts, bowling and putting greens, and wildlife enthusiasts can follow the walkways and cycle routes alongside the River Rea.

坎农山公园是伯明翰主要的公园之一,并已经被授予绿旗称号。它美丽的花圃、湖泊、池塘和千奇百怪的树木则是这个荣誉的最好证明。在这个公园,您有足够的机会来练习网球、保龄球和高尔夫球;野生动植物爱好者可以沿着里河的人行道和自行车道游览。

上述整个段落用词通俗,句法简单,基本是并列句。这些并列句说出来朗朗上口,听上去节奏匀称,铿锵有力。

(二)语言要具有美感

在撰写导游词时,所使用的词汇要具有一定美感,以使游客从中获得美的陶冶和享受。具体来讲,导游词的美感可表现在音美、词美、句美等方面。

You'll want time to lounge on the beach and play in the water, and to enjoy moments like sitting by the harbor in the late afternoon, enjoying the views as the yachts glide by. Absorbing Bermuda's beauty at your own pace, and stopping to chat with the occasional islander, is really the point.

你将需要时间,懒洋洋地躺在沙滩上,在水中嬉戏。你需要时间来享受这样的时刻:傍晚时分,静静地坐在海港边上,欣赏游艇快速滑过的亮丽风景。以你自己的节奏陶醉在百慕大的美景之中,时不时地停下来与岛上的居民聊天,这才是真正有意义的事情。

上述导游词使用了 lounge,glide by,chat 等具象动词和 in

the water,by the harbor,in the late afternoon 等具体名词,使所述景象更加具体、美妙,令人浮想联翩、蠢蠢欲动。

(三)注意提升语言的现场感

导游词具有很强的现场感,因此在写作时应有意识地使用现场引导语、设问或一些表现现场感的词语。

1.使用表现现场感的词语

导游词还可使用一些现成的时间、地点词语以及一些近指代词,这样可带给读者一种身临其境的感觉,因此也是一种突出现场感的好方法。例如:

This section of the Millennium Park is called Wrigley Square.

千禧公园的这个区域被称为莱格雷广场。

Now we are at the entrance gate of the Park.

现在,我们是在公园的正门。

上述导游词中的 this,now 都是表示现场感的词,这些词语可有效吸引游客的注意力,提醒游客享受眼前景物。

2.使用现场导引语

导游词应使用一些现场导引语,也就是引导和提示游客的用语,这样不仅可以引导和提醒游客,还可以突出此情此景的游览现场。例如:

We're going to be pulling up to the hotel in just a few minutes.Please sit back and enjoy the view of the ocean on the left hand side of the bus as we enter the city.

我们再有几分钟就要到达宾馆了。在我们进入市区的时候,请休息片刻,欣赏汽车左手边大海的风景。

上述导游词中 please sit back and enjoy 这一现场引导语的使用不仅能引导游客,还产生幽默的效果。

3.使用设问

使用设问也能有效凸显导游词的现场感。通常,设问的目的不在于"问",而是希望集中游客的注意力,以使导游讲解有效地进行。例如:

Ladies and gentlemen, have you noticed a series of relief sculpture around the platform?

各位游客,你们是否注意到了这个平台周围的系列浮雕?

该导游词使用了一个疑问句,虽然提出了问题,但是这个问题却不需要回答,其目的是收拢游客的思路,聚集游客的注意力。

下面来欣赏一篇完整的导游词

Welcome to the world's first national park, the Yellowstone Park of the United States! Look! In this paradise, nature puts on a spectacular display. Hot springs display brilliant colors of blue, yellow and orange. You won't find any place else like it on Earth.

Scientific expeditions visited this northwest corner of Wyoming in 1870 and 1871. The men who observed the wonders of the area saw the need to protect them. Through their efforts, Yellowstone National Park was born in 1872.

The park's thermal areas make it unique. Hot springs are also found in New Zealand and Iceland. But Yellowstone has more hot springs than the rest of the earth combined.

More than 200 hot springs and 10,000 other thermal feathers dot to park. Today, all are protected. The park does not allow visitors to wander off the walkways or touch the thermal feathers.

三、景点说明词的写作

景点说明词是介绍旅游景点基本情况的一种文本,在撰写景点说明词时应注意以下几个方面。

(一) 逻辑顺序要清晰

景点说明词的作用不仅仅是向游客介绍旅游景点的基本情况,还指示游客完成旅游。因此,景点解说词的撰写要具有逻辑性,即逻辑严密,且具有层次,能使读者一目了然。例如:

The Victoria Fails is considered to be the largest waterfalls in the world. It is located in the border of Zambia and Zimbabwe and has the Zambezi River as its source. It stretches for a width of 1.7 kilometers and also falls from a height of 108 meters. The forest site near the waterfalls contains the most unique species of wildlife.

维多利亚瀑布被视为世界上最大的瀑布,位于赞比亚和津巴布韦边界,其源头为赞比亚河。瀑布宽1.7公里,落差108米,附近的森林里生长着最为独特的珍稀野生动物。

上述说明词首先介绍了维多利亚瀑布的基本情况,接着具体说明了瀑布的长宽以及周围的森林,清晰的逻辑可使读者在脑海中勾画出瀑布的大致样子。

(二) 内容要客观真实

由于旅游景点说明主要介绍景点的基本情况,所以其在写作过程中既不需要抒情,也不需要议论,更不用夸张。例如:

The shore line is unobtrusively divided into low islands fringed with black lava boulders and overgrown with jungle and the grey-green water slips in between.

河岸线界限不明,划分为座座低矮的小岛,暗绿的河水缓流其间。岛上丛林茂密,大片乌黑的熔岩裸露于四周天水一线。

在上述例句中,对景点的描述是很真实的,有利于读者准确了解景点的布局。

(三)语言要简洁质朴

景点说明词的写作应使用准确、朴实、简洁的文字,以便读者阅读和理解。此外,为提升文本的准确性和专业性,还应适应一些专有名词或科学术语。例如:

凤凰镇自然资源丰富,山、水、洞风光无限。山形千姿百态,流瀑万丈垂纱。这里的山不高而秀丽,水不深而澄清,峰岭相摩、河溪萦回,碧绿的江水从古老的城墙下蜿蜒而过,翠绿的南华山麓倒映江心。江中渔舟游船数点,山间暮鼓晨钟兼鸣,河畔上的吊脚楼轻烟袅袅,可谓天人合一。

Fenghuang Town boasts abundant natural resources and fascinating scenery made up mountains, water and caves. Here, you can enjoy peaks in various shapes and waterfalls flying down the slopes. Magnificent mountains and clear water wind their way around the city. On the water fishing boats come and go, in the mountains the bell tolls for morning and evening and from the suspended buildings rises faint smoke. Everything is in harmony.

本例原文具有很强的描述性,译者在保留原文主要内容的基础上,巧妙运用了英语中的动词、形容词、名词短语等对译文进行简化处理,实现了理想的表达效果。

四、旅游网站的写作

近年来,网络科技的发展日新月异,这对旅游企业的营销方式也带来巨大的影响,并使旅游网站成为旅游目的地的主要宣传手段之一。旅游网站就像是一家全天候24小时营业的门店,人们随时随地都可以使用鼠标轻松地点击想要了解的信息,因此具有不可替代的宣传效果。可以说,旅游网站的写作质量对于旅游目的地、旅游企业的形象塑造都具有十分重要的意义。

需要特别说明的是,旅游网站由于受到网页空间的限制,必须在有限的空间内尽可能填充信息,因此常常需要在语言上下足功夫,主要包括以下几个方面。

(一)使用缩略词、简化词和拼缀词

为了达到简化语言的目的,缩略词、简化词和拼缀词等常出现在旅游网站上。例如:

user identity 替换为 user id
camping site 替换为 campsite
business 替换为 biz

(二)避免使用关系从句

当语言中出现关系从句时,读者的阅读负担会在无形之中增加。所以,旅游网站为避免关系从句的使用,常运用带词缀的复合词进行替代。例如:

accommodation where you can cook your own meals
替换为:self-catering accommodation
a room which has been paid in advance
替换为:pre-paid room
a getaway that lasts three nights
替换为:a three-night getaway

(三)使用前置修饰语

英语的建构往往遵循从右到左的顺序。在这一过程中,大量的名词短语可通过前置修饰语的使用被创造出来。使用这些前置修饰语十分有利于提升旅游网站的简洁性。例如:

farmhouse holidays
holiday rentals
tour operator
villa rentals

下面是一个旅游网站的范例。

Tours & Sightseeing

Putting yourself in the hands of local experts is a great way to get the most from your holiday. Their organizing skills make it easy to focus on the true pleasures of travel.

Booking & Information Services

When you're ready to book activities, accommodation and transport, you can use the time-saving services of a booking and information specialist. Local knowledge can help you to make good decisions.

Quality Assurance

Look for the Qualmark, New Zealand tourism's official mark of quality.

Read more

Enlarge

Independent Tours

On an independent tour, you're in the driver's seat. The tour company assembles a detailed travel agenda that's exactly to your tastes, and then lets you enjoy the freedom of a self-guided holiday.

Bird Watching, Cycling/Mountain Biking, Golf, Motorcycling, Paragliding, Theme/Leisure Park, Urban and Scenic Attractions, Multi-activity

Enlarge

第三节　旅游文体的修辞

旅游文体中常常运用多种修辞手法，以此来达到独特的表达效果，进而实现旅游文体的目的。概括来说，音韵修辞、词汇修辞与结构修辞在旅游文体中都具有较高的使用频率。

一、音韵修辞

（一）头韵

头韵的使用能够实现抑扬顿挫、格调优美、易于记忆的效果，带给读者一种身临其境的感觉。例如：

Unless you are wearing a waterproof anorak, I suggest you bring a raincoat or umbrella as the forecast is not too promising. And wear stout walking shoes if you can.

本例使用了头韵修辞，为语言增加了音乐之美。

（二）谐音

谐音对字词之间的近音、同音现象进行有效利用，常常使文本产生特殊的辞趣效果。具体来说，用同音或近音字来代替以前的字词是谐音修辞的主要方式。例如：

TWOGETHER：The Ultimate All Inclusive One Price Sunkissed Holiday.

两人世界，阳光假日，一站式价格，尽享全程服务。

本例是一则为夫妻二人提供假日旅游的广告。其中，Twogether 由 together 一词变化而来，即将其中的 to 变为 two。这样的变化将 together 与"两人"有机结合在一起，描绘了一幅恩爱夫妻共享浪漫情怀的美妙画面。

二、词汇修辞

（一）比喻

比喻用某一具体的、浅显的、熟悉的事物或情境来说明另一种抽象的、深奥的、生疏的事物或情境，可以帮助游客产生联想以便更容易地理解和欣赏景区文化。例如：

神仙池，一个仙女沐浴、纯洁、宁静的自然天地，它充满美丽动人的神话传说和深厚的人文情结，神秘而纯洁，如一颗晶莹剔透、玲珑精致、积聚大自然神韵的璀璨明珠镶嵌在大九寨旅游环线上。

The Immortal Pond, where, according to the legend, fairies used to bathe themselves, is a peaceful natural landscape full of mystery. It is like a pure and fine pearl beset on the tourist route of Jiuzhaigou.

本例采取比喻修辞，使池水清澈剔透的形象呼之欲出、惟妙惟肖，令人神往。

（二）双关

某些词汇具有一词多义或一词多音的特征，双关充分利用这一特征来实现"言在此而意在彼"的语言效果。例如：

Bermuda shorts. Bermuda, a short trip to a perfect holiday.

上述 short 是一语双关，有"短裤"和"简短"双重含义。作为度假胜地，百慕大群岛就像"百慕大短裤"一样简短、轻松、时尚。一语双关的使用给人增添了无限的乐趣。

（三）引用

引用是指从文学作品或名言警句中借用一些相关的表达，以营造理想的语言氛围。例如：

正中位置是一座典型的土家吊脚楼，一架梯子搭在屋边，屋角挂着成串的玉米和辣椒，楼的左边是小桥流水，楼的后边是良田美池，一个农夫正在扶犁耕田。真是好一幅"小桥流水人家"的童话世界。

The middle of it is a typical suspended house, with a ladder standing against its wall and bunches of corns and hot peppers hanging on its corner. On the left there is a bridge with water running under it, and behind the house there is a pool and fertile farmland, where a farmer is ploughing the land. What a beautiful fairy land!

本例引用了元朝马致远的《天净沙·秋思》中的"小桥流水人家"这一名句,有效提升了原文的意境。

(四) 拟人

拟人的使用可以刺激读者或听者的感官,拉近与他们的心理距离,以活泼生动的方式带给他们美的感受,同时也激发他们对美丽景色的联想。例如:

Last but not least, Beatenberg beckons from high above Lake Thun, a sun terrace par excellence and also the longest village in Europe.

位于图恩湖上方的比登堡正在向您招手,游客在这里的阳光露台上可以欣赏四周美丽的景致,比登堡还是欧洲最狭长的村庄。

本例中的拟人修辞增加了商务英语旅游的生动感、立体感,拉近与读者的距离,提高了宣传效果。

(五) 夸张

夸张修辞在进行描述时往往采取言过其实的方法,其目的在于强化表达效果、增强语言气势。例如:

塔子山公园内的九天楼鹤立鸡群,亭亭玉立,卓尔不凡;你看她层叠有致,舒张有度,俯仰自如,雍容大度,有如贵妇临轩;再看那雕梁画栋,飞檐垂瓴,花窗秀门,真似玉女笑面。

Jiutian Pavilion, located in Tazishan Park, is a splendid pavilion with decorated eaves and tiles.

本例对夸张修辞进行了充分运用,将九天楼的特殊魅力淋漓尽致地展现了出来。

(六)对仗

对仗是指把结构相同、意义相关的两个句子或词组对称地排列在一起,并形成鲜明的对照。例如:

上望重重山影轻摇,下听阵阵水浪拍舟。

Above are ranges of mountains and below are waves of water.

本例均采取了对仗修辞,很好地展现了汉语文化的审美思维。

三、结构修辞

(一)设问

设问采取问句的形式,但又不需要对方回答,有利于表明观点或引起思考。例如:

无数滑鼠一起畅泳,是要暗示现代人类成了科技的奴隶吗?百搭的中国传统桃花图案,又传达了怎样的社会现象?到澳门塔石艺文馆看看就自有分晓。

Is a mass of mouses swimming merrily towards a bullseye a comment upon today's blind reliance upon technology? Can the peach blossom textile so common to Chinese clothing be used successfully as banners or saucers? Stop by the Tap Seac Gallery to find out everything.

本例使用了设问修辞,先提出问题,以此来引发读者的思考,然后再给出答案,从而将读者的注意力自然而然地吸引到景点上来。

(二)反问

所谓反问就是在表达肯定语气时采取疑问的形式,这有利于增强语言的气势进而提高说服力。例如：

Was there engineering genius involved? Yes, there was. For example, when you're putting the block fight at the top, how are you going to lug a block of stone that weighs several tons 480 feet up a structure? How are you going to do it, and how are you going to do it without leaving scratches on all the rest of the structure?

其中是否显示出工程天赋？回答是肯定的。譬如，要把大块石头放到顶部，可如何将一块重量达几吨的石块拉上480英尺的顶部？这又如何才能做到？怎样才能不至于在整个塔上留下划痕？

本例在设问的基础上运用了反问修辞，既使文章的感染力得到明显提升，又有利于将读者的注意力吸引过来。

（三）反复

反复是指有意识地连续或间隔地重复使用同一个词语、短语或句子，以达到增强语气、抒发情感、增强语言节奏感的目的。例如：

These trains run every 20 minutes during the day and every hour in the evening until midnight. In the nights from Thursday to Friday, Friday to Saturday and Saturday to Sunday, the shuttle trains run every hour all night.

白天每20分钟有一列火车开行，傍晚至午夜每小时均有一列火车开行。星期四至星期五、星期五至星期六以及星期六至星期日，往返列车每小时一班通宵运行。

本例借助 every 的三次重复，自然而然地引导读者产生"当地交通十分便利"的印象。

（四）排比

将一些词、词组或句子按照一定的顺序进行排列，这种修辞就是排比。一般来说,排比修辞中的词、词组或句子往往在语气、用词、结构等方面具有极高的相似度,有的甚至完全相同。排比修辞对于增强气势、烘托气氛十分有利。例如:

Look into our land and discover us.

We are strong.

We are free.

We are Alberta.

游览我们的土地,就能发现我们。

我们坚强有力。

我们无拘无束。

我们是阿尔伯达。

本例是加拿大西部阿尔伯达省的旅游广告,有效运用了排比来提升文本的感染力。

第八章 法律文体的写作及修辞

法律是国家意志和权威的代表,其是由国家当局为社会或者社团所制定的各种法律或者规章制度。在全球经济文化的一体化进程的大形势下,法律的价值日益突显,并且促使着不同国家和法系间的沟通和交流。作为一种重要的书面语言,法律文体非常注重斟词酌句,并且法律文体的撰写也并不简单。基于此,本章就主要围绕法律文体写作及修辞相关的内容进行研究和分析。

第一节 法律文体简述

法律文体指的是所有法律文件中所使用的各种类型的文字体式,为了对法律文体有更深入、明确的认识,下面先阐释几个同法律文体相关的概念,然后对法律文体的类型和特征进行分析。

一、法律文体的相关概念

(一)法律英语

在英语国家中,法律英语(Legal English)又被称为 Legal Language 或 Language of the Law,即法律语言,在英语中指表述法律科学概念以及诉讼或非诉讼法律事务时所用的语种或某一语种的部分用语。通过分析法律英语的概念,不难看出,法律英语所使用的语言不仅是英语本身,还涉及其他语种。例如,法语、拉丁文等。这其实也是我们经常在法律语言中看到法语、拉丁文等的原因所在。

(二)法律语言

法律语言是伴随着法律的出现而出现的,自人类社会产生法律制度以后,人们就开始对法律语言的使用给予了极大的重视。这在很大程度上是因为很多同法律相关的实践活动都是需要以书面语或者口头语言进行的。法庭的诉讼能否取得成功,合同条款能否得到有效执行以及法律条文的起草和解释能达到何种效果,在很大程度上都是由法律语言能够进行准确表达决定的。

正如英国著名的法官曼斯菲尔德(Lord Nansfield)所说的那样:

Most of the disputes in the world arise from words.

世界上的大多数纠纷是由词语引起的。

可见,在实际的司法实践中,每一个词的精确选用都有着非常重要的作用和意义。然而,这一事实一直到20世纪以前还没有被法律和语言学界充分认识到。

法律语言这一术语最早出现在《牛津法律大词典》中,在一开始其是用来指英格兰和苏格兰的皇家法令、法律,法庭诉讼程序、法律书籍、特许状以及土地登记簿等所选用的语种。通常会运用到英语、法语以及拉丁语等不同的语言。

从14世纪开始,法语在英国开始慢慢衰落,英语逐渐占据主导地位。在16世纪,很多法律书籍都是用英语来书写的。1650年的很多法律都要求将判例、法官的决议案以及法律书籍等都翻译成英语,并用英语进行重新出版。到了18世纪以后,英国议会进行了相关规定,将英语规定为官方法律语言。在现代的用法中,法律语言的一部分是由具有特定意义的词组成的,还有一部分是由日常用语组成的。具有特定法律意义的词,即便存在于日常生活中,但也是很少使用到,诸如非法侵害、预谋、过失之类的词。但是,通过分析词典中对这些词所进行的解释来看,法律语言作为一种术语,其的产生和运用都有着比较久远的历史渊源。然而,伴随着时代的进步和科技的发展,法律语言作为一种特定的概念,其内涵和外延都在发生着非常大的变化。已经不再单纯地涉及对个别的特殊词汇的理解,还涉及对法律条文的解释以及翻译等。

二、法律文体的类型

(一)张法连的分类观点

根据张法连的观点,法律文体可分为立法语言、司法语言以及法律科学语言这三大类型和若干小类。如表8-1所示。

表8-1 法律文体的分类

立法语言	程序立法语言
	实体立法语言
司法语言	(1)司法文书语言;(2)笔录语言
	(1)司法谈话;(2)问话语言
	(1)法庭演讲语言;(2)法庭辩论语言
法律科学语言	(1)法学著述语言;(2)法学论文语言
	(1)法律史语言;(2)法律哲学语言

(资料来源:改编自张法连,2009)

(二)宁致远的分类观点

根据宁致远的分类,法律公文主要由以下两大部分组成。

其中的一部分是我国立法机关所公布的法律条款,也就是国家和地方立法机关所发布的各种法律、法令等。另外一部分是执法机关使用的司法公文。例如,判决书、起诉状、调解书以及各种有法律效力的公文。

这两大部分法律公文在语言表达方面的基本要求都是精练、

准确、鲜明、严密。所谓精练就是说文字要言不烦、文字精练。所谓准确具体指的是界限分明、记述事实、确立罪名等必须客观、准确,不能有半点含糊。所谓鲜明具体指的是罪与非罪、是非正误以及罚与不罚之类的问题应用恰当的文字阐释出鲜明的态度。所谓严密具体指的是必须要阐明清楚事件的前因后果、逻辑联系以及在对事理进行分析时应有的放矢、切中要害。

(三) 邹世诚的分类观点

邹世诚将法律文件中的所使用的各种文字体式都称作法律文体。他对法律文体的分类具体如表 8-2 所示。

表 8-2 邹世诚法律文体的分类

	汉语表述	英文解释
1	行政法文体	style of administrative law
2	银行法文体	style of aviation law
3	教会法文体	style of canon law
4	国际法文体	style of international law
5	保险法文体	style of insurance
6	家庭财产法文体	style of family property law
7	宪法文体	style of constitutioual law
8	判例法文体	style of case law
9	商法文体	style of commercial law
10	公司法文体	style of company law
11	刑法文体	style of criminal law
12	选举法文体	style of electoral law
13	商标法文体	style of law of trade mark
14	诉讼法文体	style of procedural law
15	宗教法文体	style of spiritual law
16	公法文体	style of public law
17	私刑文体	style of lynch law

续表

	汉语表述	英文解释
18	国际商法文体	style of international commercial law
19	刑事诉讼法文体	style of law of criminal law
20	国际海事法文体	style of international maritime law
21	土地法文体	style of law of land
22	拘捕法文体	style of law of arrest
23	海上捕获法文体	style of law of maritime prize
24	婚姻法文体	style of law of marriage
25	中立法文体	style of law of neutrality
26	税法文体	style of law of tax
27	组织法文体	style of organization
28	社会法则文体	style of law of society
29	道德法则文本	style of law of morality
30	出版法文体	style of law of publication
31	海商法文体	style of law of maritime commerce
32	民事诉讼法文体	style of law of civil procedure
33	环境保护法文体	style of law of environmental protection
34	私刑文体	style of lynch law
35	国际私法文体	style of international private law
36	损害赔偿法文体	style of law of damages
37	国内法文体	style of internal law
38	航空法文体	style of aviation law

三、法律文体的结构

法律文体通常都有比较固定的结构，比较常见的通常有以下几种结构形式。

法律文体结构形式一：

(1)引语(Text)。

(2)部分(Part)。
(3)章(Chapter)。
(4)条文(Article)。

法律文体结构形式二：
(1)引言(Introduction)。
(2)部分(Part)。
(3)条文(Article)。

法律文体结构形式三：
(1)引言(Preamble)。
(2)章(Chapter)。
(3)节(Section)。
(4)条文(Article)。

四、法律文体的特征

通常，法律文体都具有以下几个方面的文体特征。

(一)准确性

准确是法律文体的一大显著特征。作为一种具有权威性的语言，法律文体必须准确，不准确就会导致歧义，歧义就会导致误解，并且非常有可能引起很多的争议和纠纷。从这一方面进行分析，准确性也就自然成为了法律文体最突出的特征，并且准确性还被视为法律语言的根本和灵魂所在。因为在具体的法律实践中，很多和法律相关的纠纷都是来自于不准确的话语或者表达。例如，在理解 bondholders of companies in Manitoba 这一表述时，可将其理解为 companies bondholders who are in Manitoba，也可以将其理解为 bondholders of Manitoba companies。

为了规避表述上的模糊和歧义，通常采取以下方法力求准确。

其一，对词语进行重复。具体就是说，为了更好地避免误解，采取重复词语的方法而不是用指代或回指。可对下面句子中的两个词进行对比。

The servant's liability stems from the duty owed to a third person under the law to conduct the servant（himself）so as not to injure others.

非常明显，本例中使用 himself 会更加简洁，但是，在进行理解时未必明确，很难判断 himself 是 the servant 还是 a third person，但是，使用 the servant 的意思是绝对清楚的。

其二，运用法律术语。法律文体中使用法律术语能够使语言表达更为准确、简洁。例如，在国际贸易合同中 FOB、CIF、CFR 之类的术语。这些法律专业术语有着明确的、特定的法律上的含义，具有专门性和排他性，并且相对稳定，能够准确表达比较复杂的法律概念，很好地体现着法律语言法律性、专业性，同时也是法律文本的重要标志。法律英语中法律专业术语的数量非常多。再如：

will 遗嘱

tort 侵权

agent 代理人

surety 担保人

domicile 户籍住所

consideration 约因

covenant 契约

certiorari 调取案卷复审的令状

discovery 取证

deposition 宣誓作证，证词

easement 地易权

holding(of a case) 裁定

intestate 未留遗嘱的死亡者

jurisdiction in personam 对人管辖权

jurisdiction in rem 对物管辖权

principal 本人，当事人；主犯，首犯
recision（法律等的）消除、废除
specific performance 特定履行令，强制履行令
jurisdiction in personal 对人管辖权
specific performance 强制履行令
variance（诉状与供词之间）不一致

其三，连用同义词、近义词。如果对法律文本进行细致、深入的研究不难发现，同义词连用的现象非常普遍。这一语言现象的使用也利于实现法律文本的准确性特点。下面是一些比较常用的同、近义词词组。

cease and come to an end
adjust, compromise, and settle
documents, instruments, and writings
fair and reasonable
keep and maintain
goods, chattels, and effects
initiate, institute or commence
lands, tenements, and hereditaments
order, adjudge, and decree
make, declare, and publish
possession, custody, and control
representations, understandings, and agreements
situate, lying, and being in
terms and conditions
uncontroverted and uncontradicted
vague, nonspecific, and indefinite

（二）政策性

法律体现和反映着统治阶级的阶级意志，但是法律文体是具有实施法律的文件文字，因而法律文体必须能够体现统治阶级的

意识,同时还要能够反映国家的各种方针政策。其是各项方针政策的具体化和条文化。例如:

Sentence of death shall not be imposed for crimes committed by persons below eighteen years of age shall not be carried out on pregnant women.

(*Basic Documents in International Law*, p.165)

十八岁以下的犯人不判处死刑,怀孕女犯人也不判处死刑。

这一法律条文就充分体现了国家对妇女、儿童这些社会群体保护的政策性。

(三)用词正式

法律文体对措辞非常讲究,经常使用一些大词、特殊词和专业词汇来力求正式、准确。例如,一名警察在谈及其抓获罪犯这一事实时,在酒吧场合对事实进行如此描述:

We've got the criminal at last.

在警察局对事实如此描述:

The criminal was arrested at last.

然而,在法庭上则描述如下:

The criminal was apprehended at last.

可见,法庭上的措辞是最正式的。

用词正式是法律文体的一大显著特征。表8-3是一些法律文书常用词和普通常用词的对照。

表 8-3 法律文书常用词和普通常用词的对照例词

法律文书常见词	普通常见词
in accordance with	according to
adumbrated	sketch/outline
in the nature of	like
demonstrate	show

续表

法律文书常见词	普通常见词
advise	tell
commence	begin/start
prior	before

(四)强制性

法律都是依靠国家的强制力才得以保证实施的,这一文体是针对具体的人和事实实施法律的文字,因而体现出明显的强制性特点,并且在表述上非常明确、毫不含糊。例如:

No one shall be held in slavery; slavery and the slave-trade in atll their forms shall be prohibited.

(*Basic Documents in International Law*, P.165)

任何人不能占有奴隶,各种奴隶制和贩卖奴隶的活动必须加以禁止。

(五)规范性

法律文体的规范性具体体现在其要符合法律文字的说明和相应的文字格式、文书体例等。它是一种特定的公文书面文体,经常使用一些与一般不同意义、固定的法律词语。表 8-4 是法律文体中使用的词的一般意义和法律意义的对比。

表 8-4 法律文体所用词汇一般意义和法律意义的对比

	一般意义	法律意义
examination	考试,检查	讯问
atlarge	详细地	逍遥法外
exhibition	展览	证件,物证
badman	坏人(带枪的)	暴徒
decision	决定	判决

续表

	一般意义	法律意义
expert	专家	鉴定人
blood	血	血亲
case book	病历本	判例书
confederation	同盟	同犯,同谋犯
change the original sentence	改变原来句子	改判
complain	埋怨,抱怨	控诉,申述
co-operation	合作	共犯
disappearance	不见,消失	失踪

(六)模糊性

准确、规范是法律文体的一大显著特点,但是在某些特殊情况下,法律文体还经常会使用一些模糊的表达。这种模糊表达的使用和法律的严肃性和准确性并不矛盾,恰恰相反,模糊表达的使用不仅能使法律文体更加灵活,而且还能够为法官按照具体情况进行判决留下了回旋的余地。例如:

After service, the defendant is entitled to a certain of time within which to file his pleading, or answer, to plaintiff's petition.

传票送达后,被告有权在一定期限内对原告的申请提出答辩。

本例中的 a certain of time 就属于一个典型的模糊表达,这一语言现象不仅不会对法律内容的准确性和严肃性造成影响,反而给法官留下了回旋的余地。但是,这种模糊表达的使用并不是没有任何条件的,主要适用于以下几种情况。

其一,法律文本中模糊表达的使用是为了提高语言的概括性,以实现最大限度地打击犯罪这一目的。例如:

Whoever commits arson, breaches a dike, causes explosion, spreads poison or uses other dangerous means to sabotage any factory, mine, oilfield, harbour, river, water source, warehouse, house, forest, farm, grounds, pasture, key pipeline, public building or any other public or private property, thereby endangering public security but causing no serious consequences, shall be sentenced to fixed-term imprisonment of not less than three years but not more than ten years.

放火、决水、爆炸、投毒或者以其他危险方法破坏工厂、矿物、油田、港口、河流、水源、仓库、住宅、森林、农场、谷场、重要管道、公共建筑物或者其他公私财产,危害公共安全,尚未造成严重后果的,处三年以上十年以下有期徒刑。

本例中的 other 就属于一个模糊表达,在对一些主要的犯罪手段和破坏项目进行列举后,然后附加 other dangerous means 以及 other public or private property 之类的模糊表述来对这一规定进行限定和概括,进而使表义更为严密,同时也利于最大限度地打击犯罪。如果将这些模糊词语改用一些确切词语或者省略掉,不仅使立法丧失了严谨性,还很有可能使现实中的大量违反犯罪逃脱法律的制裁。

其二,在法律文本中,特别是在一些政治意义突显的文本中使用模糊表达,想借此增加外交或者政治上的灵活性。例如:

It intends gradually to reduce its sale of arms to Taiwan, leading, over a period of time, to a final resolution….

它(美国)准备逐步减少它对台湾的武器出售,并经过一段时间导致最后的解决……

本例是源于"中美联合公报"中的一句话。一直以来,台湾问题都是中美两国双方关系的重点,并且这一问题还是一个能够压倒一切的问题。其中的 gradually to reduce 并没有明确具体的时间,这一模糊表述很好地体现出了外交手段的灵活性,暂时搁置差异来求同存异,以求得最佳的问题解决办法。

法律文体中经常使用的模糊表述还有很多。例如:

due care 应有的谨慎

related 相关的

quite 相当地

excessive 额外的
somewhat 稍微,有点
soon 不久;很快
improper 不适当的
negligence 过失
obviously 明显地
in connection with 关于;有关
meaningfully 具有重要意义或价值地
clear and convincing 明确并令人信服的
consequential 相应而生的;接着发生的
incidental 非主要的,附带的
satisfactory 符合要求的
reasonable speed 合理的速度
unreasonable 不合理的
with all deliberate speed 以审慎/从容的速度

事实上,法律文体的准确性和模糊性并不是相互矛盾的,而是互补的关系,他们正是法律语言的统一对立面。

第二节 法律文体的写作

法律文体作为实用文体的一种类型,其也是以服务于人为其根本目的的,因而法律文体在具体写作过程中也应尽可能的为普通大众所接受和理解,坚持"以人为本"的基本理念。但是,要想写好这一文体并不是一件简单的事情,通常还会遇到各种各样的问题,下面先对法律文体写作中经常遇到的问题进行分析,然后结合这一文体的特点分析法律文体的写作原则、写作过程以及具体的写作技巧。

一、法律文体写作中的常见问题

(一)漏写某些事项

任何法律文体的写作都必须翔实、具体,如果遗漏一些事项就非常容易令读者产生误解甚至会出现法律纠纷之类的问题。但是,在实际的法律文体的写作中尤其是法律文书的写作中经常出现漏写某些事项的情况,尤其是在法律文书的写作中。一些法律文书通常需要在文书的首部按要求协商犯罪嫌疑人或被告人的身份事项。例如,在提请批准逮捕书和起诉意见书中,在具体书写犯罪嫌疑人的身份事项时,就需要包含犯罪嫌疑人的基本情况,违法犯罪的经历以及因本案被采取强制措施的情况这几大部分的内容。应对这几大部分的内容逐一进行说明,对这些内容的具体描述对案件的进一步处理起到非常重要的作用。然而,在具体的法律文体写作实践中,经常会出现信息遗漏的问题。

(二)语言文字不够规范

法律文体的写作对语言文字有着非常严的要求,必须做到精确无误、庄重严肃。但是,在实际的法律文体写作实践中,语言文字缺失规范性的现象普遍存在。通常,可从以下方面着眼来确保语言文字的规范性。

首先,要想确保语言庄重、严肃,应使用法律专业术语以及惯用语。以法律文书的制作为例进行分析,在制作法律文书时,不仅应能够正确地使用法律专业术语和惯用语,还应尽量避免使用一些华丽的辞藻和方言土语,规避使用污言秽语。例如,在有些判断书的末尾,对书记员进行署名时,经常出现以下这一不规范的用法:

代理书记员××

应将其更改如下:

书记员××

其次,为了保证语言规范,精确无误,还应斟字酌句,确保语句结构完整、言简意赅,应尽量规避使用一些重复的语句和口语化现象。

(三) 格式不够规范

格式不够规范也是法律文体写作中经常遇到的问题。这一问题在法律文书的写作中也体现得最为明显。例如,将"检刑诉×号"误写成"检公诉×号"。有一部分写作者在写法律文书时,在字体字号、行间距之类的格式方面欠美观,甚至还对阅读产生了不良影响。还有一部分写作者在写起诉书时仅仅书写了被告所适用的惩治措施,但缺少了具体的地点信息。

此外,还有一些在数字、特定符号的使用方面存在着不规范的现象,没有对大小写加以区别。极易容易忽略的是,规定的对于公诉、民行检查部门在书写对外叙述性的法律文书时,首部要求应在人民检查院的名称前对检查院所在的省份的名称加以标明,这一点也是法律文书极易忽略的地方。此外,在具体的法律文书的写作实践中,对于一些涉案的具体情况,通常应准确、完整、清楚的表述清楚,但有的写作者在表述时过于繁杂,有的是缺失具有关键意义的内容。

二、法律文体写作中应坚持的原则

(一) 严谨原则

法律的严肃性决定了法律语言必须准确、严谨。法律文件的起草人必须措辞严谨,不能有任何误解或者歧义的现象出现。法律文件要求严谨、精确,相应地,法律文本的写作者不仅应具备严谨的写作态度和精神,在写作过程中还必须坚持严谨性这一具体原则。例如:

When the Department issued its Annual Report, the Minister tabled it in the Federal Parliament.

应该改写为:

When the department issued its annual report, the minister tabled it in the federal parliament.

本例的着眼点主要在于 Department, Annual, Report, minister Federal, Parliament 这几个单词的首字母是否应大写还是小写的问题,第一种的写法采用了大写的形式,事实上,这是没有必要的,并且这种大写的形式在某种程度上阻碍了理解,因而改写成小写的形式更为清楚,且便于接受。

(二)7 个"C"原则

在具体撰写法律文体时,还应坚持 7 个"C"原则。具体包括如下几个方面。

(1)简洁(concise)。

(2)完整(complete)。

(3)连贯(coherent)。

(4)正确(correct)。

(5)清楚(clear)。

(6)具体(concrete)。

(7)个性化(customized)。

(三)优先考虑读者原则

无论何时撰写哪种类型的英语法律文本,都应站在读者的角度和立场,而非机构的角度进行撰写。英语法律文本撰写质量的好坏在很大程度上取决于它向读者所传递的信息。例如:

Title to property in the goods shall remain vested in the Company(notwithstanding the delivery of the same to the Customer) until the price of the Goods comprised in the contract and all other money due from the Customer to the Company on any other account has been paid in full.

为适应读者将其改写为:

We shall retain ownership of the goods until you have finished paying for them.

本例为了适应读者需要,将该文本进行了通俗化的改写,用 We,you 之类的词汇开头,让读者倍感亲切。

三、法律文体的写作过程

在着手进行法律文体的写作时,通常包括以下几大步骤。

(一) 确立观点

在着手进行写作之前,写作者应先对委托人的实际情况有所了解,并进行详细、深入的调研和分析,应善于从纷繁复杂的事件中找到要点和重点,并明确自己的写作目的和观点,然后用缜密准确的语言表述出来。

从表面上来看,确立观点非常容易,并且这一环节在法律文体的写作实践中发挥着至关重要的作用,很大一部分的写作者由于没有很好地明确观点而使所写的法律文本晦涩难懂。例如:

And in the outsets we may as well be frank enough to confess, and, indeed, in view of the seriousness of the consequences which upon fuller reflection we find would inevitably result to municipalities in the matter of street improvements from the conclusion reached and announced in the former opinion, we are pleased to declare that arguments upon rehearing have convinced us that the decision upon the ultimate question involved here formerly rendered by the court, even if not faulty in its reasoning from the premises announced or wholly erroneous in conclusions as to some questions incidentally arising and necessarily legitimate subjects of discussion in the decision of the main proposition, is, at any rate, one which may under peculiar circumstances of this case, the superseded by a conclusion whose effect cannot be to disturb the integrity of the long and well-established system for the improvement of streets in the incorporated cities and towns of California not governed by freeholders' charters.

通过对上述法律文本进行分析，不难发现，法院其实想要表达的意思非常简单，就是"我们上次犯了个错误。"但是，由于没能明确观点，所以上述篇幅即便很长，但其结构安排方面给读者以毫无重点，缺乏清晰的逻辑思路的感觉。

可见，一个优秀的法律英语写作者必须具备高度概括的能力，能够从众多纷繁复杂的信息中抓取重点信息，并具备准确的表达能力，而且必须思路敏捷，措辞严谨。

（二）列提纲

在观点确立之后，就要列出具体的文本写作提纲。具体而言，法律英语文本提纲的写作包含以下四大步骤。

(1)对要写的内容进行构思。

(2)将构思好的内容按照顺序逐一列出，形成一个体系完善的提纲。

(3)应根据提纲的内容完成初稿。

(4)对书稿进行反复审读，然后对提纲进行相应的修改和完善。

在列法律英语文本的提纲时，通常可采用多种不同的方式。比较常见的列提纲的方式有以下几种：螺旋型提纲和线型提纲。

使用螺旋型提纲利于使法律英语写作的内容更为详尽、全面，具体如图8-1所示。

采用图8-1所示的这种方式，写作者可以更加全面地总结观点，也便于随时添加对事件的看法。当写作者将所有的内容填补进去之后，就形成了全面的观点，在对所有观点进行梳理之后，就形成图8-2所示的线型提纲。

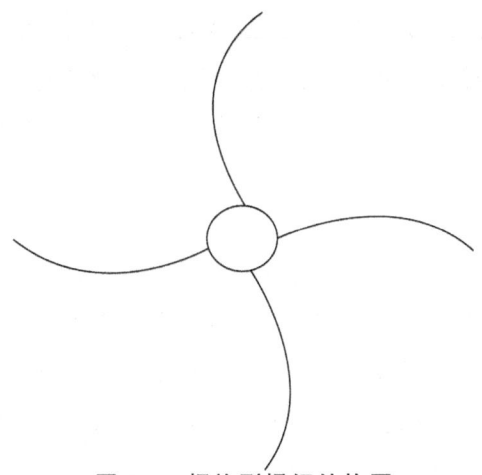

图 8-1 螺旋型提纲结构图

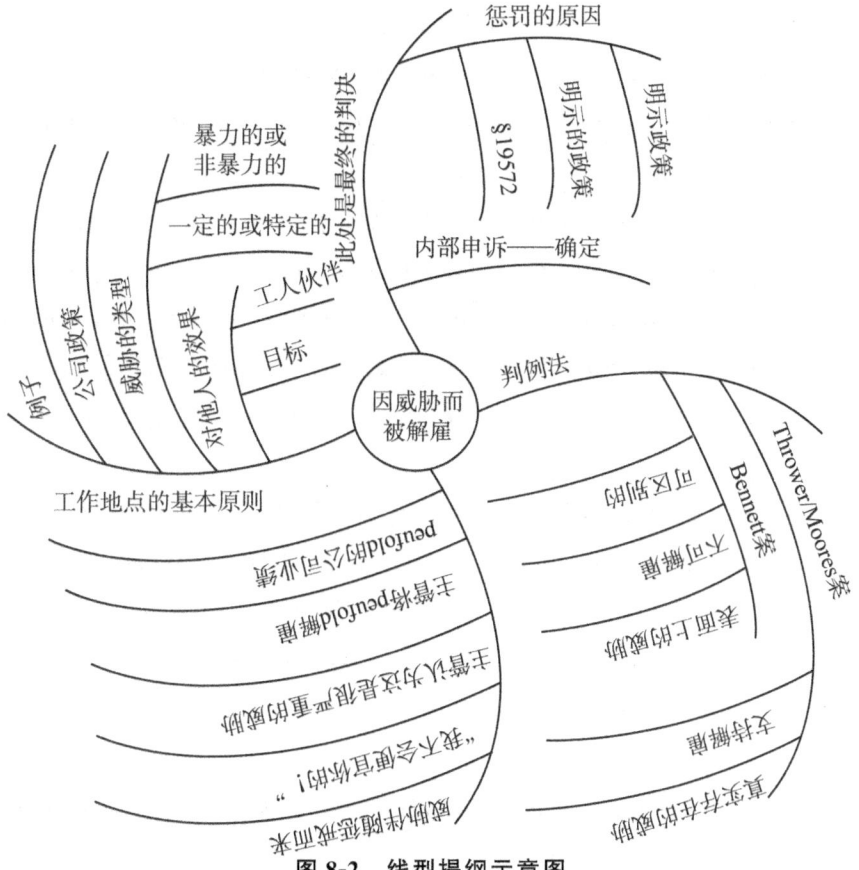

图 8-2 线型提纲示意图

这种线型提纲是对螺旋型提纲的进一步完善,使用这一类型的提纲可有效避免写作者在写作中无从下手的问题,写作者可以根据线型提纲的内容对所有的观点进行筛查和整理,最终形成缜密、细致、完善的表述。

(三)整合逻辑

在列出相应的文本提纲之后,就需要对所有相关事件进行逻辑上的整合。为了使文本明确、清晰,通常可按照时间发展的逻辑顺序和完成时间的自然顺序进行整合编排。例如:

Since first considering the issue more than 30 years ago, the Arkansas Supreme Court has consistently held that the word "produced"—as used in the habendum clause of an oil-and-gas lease-means "capable of producing in paying quantities." The Court of Appeals in this case overrode that settled principle by holding that: capability to produce in paying quantities does not maintain an oil-and-gas lease after the primary term-rather, gas sales and deliveries are necessary to perpetuate a lease in the secondary term; and the cessation of production clause is a special limitation to the habendum clause. The court further held, incorrectly, that equities may be ignored in determining whether a lease terminates.

These holdings, besides being legally incorrect, are apt to prove catastrophic, since they will create tide uncertainty in thousands of oil-and-gas lease in this state. As this Court well knows, thousands of wells across Arkansas have been shut in or substantially curtailed from time to time. Under the new ruling litigants will argue that many currently productive and profitable Arkansas oil-and-gas leases actually terminated years ago, when, for whatever reason, gas was not taken from a lease in paying quantities for the period specified in the cessation-of-production clause-often as short a time as 60 days. Indeed, the issues in this case already affect a dozen or more Arkansas cases in various stages of litigation. The Court of Appeals' decision, besides encouraging waste of a vital natural resource, and besides spawning needless litigation, will harm lessors and lessees alike by requiring continuous marketing of gas, even at fire-sale prices.

上述文本就是按照事件发生的先后顺序展开的,不仅使逻辑显得清晰且富于层次感,而且易于读者的理解。

(四)细致划分

在调整完文本内容的顺序之后,就需要对文本内容进行细致、明确的划分,要想进行明确的划分,最为关键的就是要突出文章各部分的重点。在具体进行编排整体框架的同时,将每一章节都加上类目标题,这样不仅可以突出文本的观点,还能使文本清晰明确。

四、法律文体的写作技巧

(一)起诉状的写作技巧

起诉状是一种正式的法律文书,这类法律文书必须以书面的形式提交。通常,将呈现起诉状的一方称为原告,将被起诉的一方称为被告。

从起诉状的类型来看,通常包括民事起诉状和刑事起诉状这两大类。其中民事起诉状具体是指公民、法人或其他组织为维护自身的民事权益向法院提起诉讼时呈交的第一份文件;刑事起诉状具体指的是一项基于受害人或负责调查的警察的宣誓指称而制作的文件,通常只用于不太严重的刑事违法行为。

从起诉状的结构来看,起诉状大体上都可分为:首部、正文、尾部这三个部分,下面就对各部分的写作技巧进行研究和分析。

1.首部的写作技巧

在起草起诉状的首部时,应具体包括以下四个方面的内容。具体如下。

(1)在写受理法院名称时,通常需要大写的格式。

(2)原告与被告的姓名、身份和案号。

(3)文书名称:COMPLAINT FOR DAMAGES。美国有些州规定文书名称只需写明 Complaint 或 Petition 即可。有些州规定文书名称还需包括本起诉状寻求何种救济。文书名称需添下划线。

(4)起诉的案由。在写起诉的案由时,应写明何人对何人起诉。从结构上进行分析,这是一个过渡段,下面转入正文。这段文字不用编号。

2.正文

正文是起诉状中最关键、最重要的内容,须明确写出原告的诉讼请求,诉讼事实和理由以及要求陪审团审理的请求。这一部分的美观文字都要进行编号。原告律师使用两条诉讼事项对两被告分开起诉。每条诉讼事项包括以下几方面的内容:(1)小标题;(2)诉讼双方身份及关系;(3)诉讼事实;(4)诉讼请求。

3.尾部

在起诉状的末尾部分,主要包括以下几大方面的内容:(1)原告代理律师的签名;(2)住址;(3)电话号码;(4)律师执照编号。

许多起诉状的尾部还包括举证证明,原告律师在这段中宣誓证明起诉状所述均为事实。随后为原告签名、公证日期、公证机构名称以及委托有效期限。由于起诉状由法院送达给被告,因此不需要附上送达证书。

起诉状的结构应安排得合理得当。民事起诉状必须以诉讼请求、事实和理由为核心内容。原稿只有向法院提供客观事实并充分阐明提出诉讼请求的理由,才能够说服法院对案件进行审理。

起诉状使用独立的段落对不同的事实进行分边叙述,并且每段的叙述应简要精练,只提与本案有关的事实,其他的细节可一律略过,这样一目了然,能够帮助相关者很快地了解与诉讼相关的事实。叙述完事实之后,原告律师通常可以使用短语 as a result 开始叙述该诉讼事实给原告带来的损失,以实现顺利的过渡。最后,原告律师往往使用短语 wherefore 提出诉讼请求,从而使得整个行文连贯流畅,逻辑严密。

(二) 立法类文本的写作技巧

立法类文本又被称为"规范性法律文书",具体指的是由国家权力机关制定并发布的法律和国家行政领导机关根据法律制定的行政法规等具有普遍法律效力的文本。

立法类文本的主要功能是规定社会成员的责任和义务、规范其行为。它不仅是评价人们行为是否合法的标准,同时也是制裁违法行为的依据。

立法类文本通常采用叙述和说明两种表达方式。立法文本草案一旦成文并通过立法机构的批准,就成为相对凝固的文本,不能进行任意改动,除非进行修订,否则的话只能遵守。

尽管各个国家的立法不完全相同,但是结构要素方面却具有相似之处,并且通常都是采用从宏观到微观、从总论到条文、从重要条文到次要条文的比较固定的篇章模式。具体而言,立法文本的结构主要包含以下三个打的部分:总则(preliminary provisions)、主要条款(principal provisions)和附则(final provisions)。

以下就从这三个方面来说明立法文本的具体写作。

1. 总则的写作技巧

总则主要是对立法目的、立法依据、立法原则、法的原则、法的效力、法的制定与颁布、法的适用及法的解释进行表述。总责主要包括的内容有详细标题、序言、简称、颁布条款（enacting clause）、适用条款、解释条款等。

需要额外说明的是，序言是总则的可选项，即并不是所有的立法类文本都有序言。

2.主要条款的写作技巧

主要条款又被称"分则"，它是法的总则的具体化、实体性内容，也是整部法律的主体，包括实质性条款（substantive provisions）和管理性条款（administrative provisions）两个部分。实质性条款对法律主体的权利、义务、行为、事件、后果等进行规定。管理性条款对相关法律机关进行规范。

3.附则

附则是对总则和分则进行的补充性说明，主要是一些程序性条款，包括违反与惩罚、制订实施细则的授权、保留、废止、修订、暂时使用条例、施行条款、附录等内容。

（三）司法类文本的写作技巧

司法类文本又被称为"非规范性法律文书"，是公安机关、法院、检察院、司法行政机关在诉讼活动或与诉讼有关的非诉讼活动中，依据事实，根据法律法规制定并使用或提交的各类文书的总称。司法类文书通常包括以下两种类型：诉讼类文书和非诉讼类文书。在此主要结合非诉讼类文书的写作方法，即法律意见书的写作进行具体分析。非诉讼类文书是公检法等机关处理非诉案件的法律文书和案件当事人、律师及律师事务所自书或代书的具有法律效力或法律意义的文书。关于非诉讼类文书的写作，这里以法律意见书为例进行说明。

法律意见书是一种法律服务性文书，具体是指律师对咨询者所提法律问题的解答对咨询者而言所起的是参考作用，而不具有法律约束力。法律意见书在起草时常参照书信的格式,其结构大致包含以下五个部分。

(1)信头的写作。在首行左边或右边注明法律意见书制作的时间,另起一行顶格写明送达委托人的姓名和详细地址。

(2)事由的写作。文书中添加标题,便于对方对文书内容一目了然。标题的第一个词和主要词要大写。在标题的前面,应用"Re:",意为"事由"。需注意的是,"Re:"在这里是拉丁文,并非 regarding 的缩写。

(3)称呼的写作。在写称呼时,通常使用 Dear 加委托人名字或用 Dear 加头衔和姓。例如,Dear Rob,Dear Ms.Riddle 等。

(4)正文的写作。正文作为意见书的主体,其内容主要是就委托人需要了解的法律问题提出意见。律师出具法律意见书的具体内容,可以按照委托人所委托的内容来确定。

(5)尾部的写作。尾部主要是在文末左下角标明制作法律意见书律师的姓名、工作单位。尾部的基本构成是 sincerely/sincerely yours 或 Very truly yours/Yours truly 加签名,签名可以是手签,也可以是打印。

第三节　法律文体的修辞

英国著名的哲学家大卫·休谟曾经如此说道:"法与法律制度是一种纯粹的语言形式,法的世界肇始于语言,法律是通过语词订立和公布的。"因此,法律文体要想体现出其专业、规范、严肃等特点,必须非常讲究修辞。但是,这一文体和普通的文体不同,其很少会使用夸张、比喻、拟人、讽刺、反语、头韵、尾韵等修辞法或者描述性的语言,其在语言使用方面更为保守,总是想方设法力求严谨。下面先对法律文体中的词汇和文句的修辞进行探讨,然后结合法律辩护词的文体修辞进行具体分析。

一、法律文体中的词汇和文句修辞

(一)法律文体中的词汇修辞

1.选用精确动词

尽管英语中的 be 动词也可以表达一些动作概念,但是在法律文体的写作中应尽可能地选择精确动词,避免使用 be 动词。be 动词的表现力没有精确动词那么强,且频繁使用 be 动词会使读者感到厌烦。例如:

Affecting vitally the problem of the burden of proof is doctrine of presumptions. A presumption occurs in legal terminology when the fact-trier, whether a court or a jury, is required from the proof of one fact to assume some other fact not directly testified to. A well-known example is the presumption that a person is dead after seven years if he or she has been shown to haven been absent for seven years without being heard from.

该语段中频繁使用 be 动词,使得文章读起来烦琐不堪。为了使文章更加具有可读性,我们可以将其修改为以下内容。

The doctrine of presumptions vitally affects the burden-of-proof issue. A presumption occurs in legal terminology when the fact-trier, whether a court or a jury, must deduce from one fact yet another that no one has testified about directly. For example, the law presumes that a person has died if that person has been absent for seven years without being heard from.

2.谨慎使用缩略语

法律文体并不是禁止使用缩略语,但对于缩略语的使用具有较为严格的规定,在法律文体中作者应避免使用生僻的缩略语,可以使用一些大家耳熟能详的且大部分人都知道其含义的缩略语来增强文章的简洁性和精练性。法律文体写作者自己创制的一些新的缩略语。例如：

ADA《美国残障人保护法》

DOJ 司法部

UCC 统一商法典

对于这些模棱两可的缩略语，在法律文体写作时应避免使用，只有这样才可以使文章更容易理解。

(二) 法律文本的文句修辞

1. 确保句子的平均长度

一篇文章的可读性很大程度上受到其句子长度的影响，法律文章的写作中经常出现句子冗长的现象，作者要想提高法律文体的可读性就必须控制句子的长度，使每个句子基本保持在 20 个词左右。即使出现长句，也应使长句与短句之间的安排错落有致。例如：

Gunther demanded an early trial date and breakneck discovery. What Gunther wanted, Gunther got. Now that Findlay seeks a hearing on its summary—judgment motion, however, Gunther wants to slam on the brakes, complaining that it needs more time to gather expert opinions. Gunther ostensibly demanded the accelerated trial date to force a prompt resolution of its claims. Gunther may now have that resolution, but does not want it. Must Findlay's motion, already delayed once, be delayed again to accommodate Gunther's tactical timetable? ...

Gunther's motion to continue is tactical only. It lacks authority and merit. It is no more than an attempt to get more time to answer Findlay's motion for summary judgment, which has already been reset once. Even so, by the time Findlay's motion is heard on August 13, Gunther will already have had eight weeks to prepare a response. If Gunther wants to defeat Findlay's motion, it needs only to identify disputed facts of each point in the motion. Indeed, Gunther spends much of its motion for continuance arguing the merits. Rather than wasting time and money with its delay tactics, Gunther should simply address the points in Findlay's motion head on. If Gunther shows the existence of genuine factual issues, then so be it.

该段是对一份延期申请的回复,在段落中句子长度安排合理,且文章逻辑清晰,长句和短句进行了错综安排,增强了文章的可读性。

2.利用主谓宾语提示句子内容

英语中的主、谓、宾语是句子的重要组成部分,这三部分内容也构成了句子的精髓,理解一个句子的关键就在于对主谓宾语的理解,因此在法律专业英语写作中作者也应该对主谓宾语进行合理利用,将其放在句子的开头部分,这样便于读者通过主谓宾语理解整个句子的主要内容。例如:

The partnership may buy any bankrupt partner's interest. To exercise its opinion to buy, the managing general partner must provide notice to the bankrupt partner no later than 180 days after receiving notice of the event that caused the bankrupt.

3.善于利用平行结构

平行结构就是通常所说的排比句式,在法律文体写作中合理利用平行结构不仅可以增强文章的气势还可以使文章的结构更加清晰。例如:

To prove a claim of false advertising under the Lanham Act, Omega must show that Binnergy made a statement that was false or misleading, actually deceived or was likely to deceive a substantial segment of the advertisement's audience, related to a subject material to the decision to purchase goods or services, related to goods or services offered in interstate commerce, and resulted in actual or probable injury to Omega.

二、法律辩护词的文体修辞

辩护词作为刑事诉讼中使用得最为频繁的一种法律文书,其通常是由律师在法庭辩论之前撰写的,然后在法庭上当庭读出,辩护词在语言的修辞使用方面也具有独特的特点。然而,由于辩护人、案情以及个体风格的差异,辩护词在结构、内容等方面也呈现出鲜明的特色。但是,辩护词作为一种语体和修辞手段,其内容和结构又呈现出基本的一致性。基本上可以分为序言、正文以及结尾这三大部分。由于辩护词是作为一种法律文体存在的,其在语言使用方面又表现出相应的规范性,但在具体的实践中也会出现一些不规范的情况。为了对辩护词的文体修辞有更深入的认识,下面就对其几大构成部分的修辞进行具体分析。

(一)序言部分文体修辞

序言部分其实就是开头部分,这一部分的辩护词的制作过程在整个辩护词中处于关键的地位。这一序言撰写的好与坏以及修辞使用的效果会对辩护的整体效果有着非常关键的影响。依据语言学家们的最新研究,语言的开头部分以及结尾部分是最重要的。一篇辩护词有一个好的序言作为开场白,通常能起到吸引听众注意力这一目的,并且能够有效地引导听众进入辩护人的思路。因而,一则好的辩护词,在序言部分通常不应机械地对规范性的开头语进行重复,而是应根据案件具体性质、场合等的不同,有机地穿插些相应的内容,使规范性的开头语在结构层面有适度的变化,进而达到更有效的辩护效果。因而,序言部分的措辞通常应明确、简练,尽量规避公式化。并且,需要部分在极力追求语言表达效果的同时，还应讲究语言的使用技巧，根据情况需要追求艺术化的表达，同时应展现出礼貌、谦恭的态度。一个能力强的辩护者必须使用礼貌的语言能够在法庭上"以理服人、以理待人"。否则的话，尽管是一个程式化特别规范的辩护词，使用再多的语言技巧和表现手法，也很难达到理想的辩护效果。

（二）正文部分的文体修辞

正文部分也是辩护词的核心部分和重要内容，这一部分是全篇的重点。通常，由于辩护词是针对起诉书中的指控进行反驳的，从文体上进行分析，辩护词其实属于驳论文的一种。通常而言，起诉书是从正面的角度出发来证明被告人的犯罪行为，属于立论。而辩护词则是从反面进行的论证，其对起诉书指控的不当之处进行驳斥，属于驳论。但是，不管辩护人的意图是要进行哪种辩护，一个最为关键的目的就是要说服法庭接受其主张，因而辩护词最为关键的一点就是应具有很强的说服力，应能够引起交际对方的信任，应能使听者从思想层面接受言语所反映的思想内容，同时，还要能够引起读者的思考和共鸣。然而，要想使辩护词具备很强的说服力，其在修辞使用时不仅应通俗、具体，还应做到议论合理化、内容充实且明白易懂。

在《审判交际技巧》一书中，阿龙等人对律师赢得诉讼的几大关键因素进行了分析和归纳，具体如下。

(1) 应具备有可信度。
(2) 应有吸引力。
(3) 应使用朴实的语言。
(4) 有充分的事实和法律依据。
(5) 辩护应开宗明义，不能还有含含糊糊、拐弯抹角的表述。

可见，在辩护词的正文部分，应格外注意语言的修辞和运用，力求使语言准确精练、朴实严谨，同时还要注重修辞手段的使用。尽可能地规避使用一些语句不通顺的表达，也不能自造生词。同时，还要忌讳使用方言土语。因为辩护词毕竟属于一种具有规范性特点的正式文体，辩护人在法庭发表辩护词时不能使用过于口语化的表达方式。除此之外，辩护人也要忌满口"法言法语"，语言应当朴实才能实现更好的辩护效果。

(三)结尾部分的文体修辞

辩护词的结尾部分又被称为结论部分。这一部分是对辩护词的归纳和总结。辩护词的结尾部分通常包括以下两方面的内容。其一为辩护词的中心观点；其二为向法庭提出对被告人的具体化的处理建议。从语言学的角度进行分析，话语的结尾部分极具关键意义，一个好的结尾能够起到画龙点睛的作用，并且还能加深听读者的印象，使辩护意见能够引起法庭的充分重视，以对辩护的效果进行巩固。因此，结尾部分应当明确、简短、有力，切忌不要进行多次重复啰嗦。与此同时，还应要确保全文前后的一致性，不能出现自相矛盾的现象。

总体来说，辩护的艺术其实就是语言的艺术，辩护的成功就是对语言恰当、有效的运用，因而制作辩护词时，辩护人应以事实和法律为基础，应特别关注语言的规范使用，并且应能恰当地使用修辞手法，来实现预期的辩护效果。

第九章 科技文体的写作及修辞

科学技术是第一生产力,它渗透在每个人的生活当中,并推动着社会的进步与发展。世界各国若要不断发展、进步,就必须努力钻研和交流科学技术。科技英语自20世纪70年代以来引起了国际上广泛的注意和研究,目前已发展成为一种重要的实用文体。随着经济全球化的深入发展,科技交流日益受到国人的关注与重视。在这样的时代背景下,加强对科技文体写作及修辞的研究就具有重要的现实意义。

第一节 科技文体简述

一、科技文体的类别

根据韩礼德(M.A.K.Halliday)系统功能理论,语言特征取决于语场(field of discourse)、语旨(tenor of discourse)和语式(mode of discourse)。语场指话语的题材;语旨指交际者之间的关系;语式指交际的媒介,如口头语或书面语、自然语或人工语等。[1] 这三者当中的任何一个发生变化,都会导致交流意义的变化,从而导致文体的变化。据此,科技文体分为专用科技文体和普通科技文体两个类别以及六个层次。专用科技文体按正式程

---

[1] 方梦之,毛忠明.英汉—汉英应用翻译教程[M].上海:上海外语教育出版社,2005:90.

度依次包括基础理论科学论著、科技法律文本或强制性技术文本（专利文件、技术合同、技术标准等）以及应用科学技术论著、报告。普通科技文体按正式程度依次包括：物质生产领域的操作规程、维修手册、安全条例；消费领域的产品说明书、使用手册、促销材料；低级科普读物、教材等。详细内容如表 9-1 所示。

表 9-1 科技文体的类别

文体	层次	正式程度	语场	语旨	语式
专用科技文体	A	最高	基础理论科学论著	科学家之间	语言成分主要为人工符号，或用自然语言表示句法关系
专用科技文体	B	很高	科技论著、法律文本（专利文件、技术标准、技术合同）	高级管理人员之间、律师之间	以自然语言为主，辅以人工符号
专用科技文体	C	较高	应用科学技术论文、报告、著作	同一领域的专家之间	以自然语言为主，辅以人工符号，含较多专业术语，句法严密
普通科技文体	D	中等	物质生产领域的操作规程、维修手册、安全条例	生产部门的技术人员、职员、工人之间	自然语言，含部分专业术语，句法不太严密
普通科技文体	E	较低	消费领域的产品说明书、使用手册、促销材料等	生产部门与消费者之间	自然语言，有少量术语，句法灵活
普通科技文体	F	低	科普读物、中小学教材	专家与外行之间	自然语言，避免术语，多用修辞格

二、科技文体的特征

科技文体的一般特点是多样化、定型化、客观化。

（一）多样化

科技文体的多样化体现在以下三个方面。

首先,科技文体内容繁多,涉及的学科非常多样化,如机械、工业、石油钻探、农业、医学、计算机、建筑等。

其次,科技文体的来源也很丰富,有的来自亚洲,有的来自英语国家,有的来自非英语国家。

再者,科技文体的正式程度不一致,有的相当正式,有的则不是正式而是注重趣味性。

(二)定型化

科技文体的定型化特点是指科技文体的格式、语言模式基本相同。例如,期刊论文的体例依次为标题、摘要、引言、实验过程、结果、讨论、结论、致谢、参考文献。

科技论文中的文摘最初只是在文章的开头向读者提示本文的要旨。随着科学技术的发展,它经过加工、整理可以成为一种有系统地报道、积累和检索科技文献的媒介。它的内容已经基本固定,包括研究的目的、范围、方法、结果以及作者对研究的主要结论。常用句型如下:

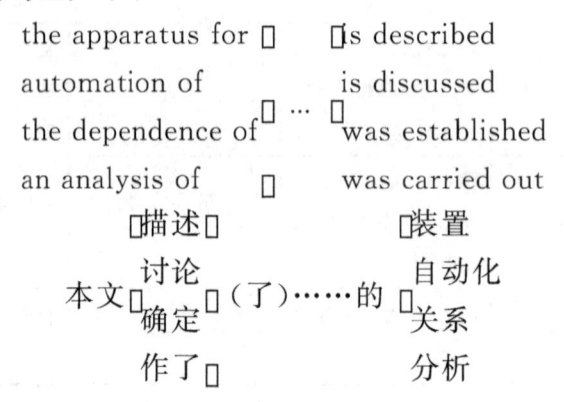

```
the apparatus for        is described
automation of            is discussed
the dependence of  …     was established
an analysis of           was carried out
```

```
         描述          装置
         讨论          自动化
本文     确定(了)……的   关系
         作了          分析
```

(三)客观化

专用科技文体的交际功能决定了其意义系统。专用科技文体具有语义客观的特征,具体体现在名词化和语义浅显上。

1.名词化

传统语法学家叶斯泊森(O.Jespersen)专门研究了名词化现

象,尤其是"行为抽象名词",并指出行为抽象名词主要用于学术研究,是表达科学思想的一种工具。

名词化的词主要包括起名词作用的非谓语动词和与动词同根或同形的名词,以及一些形容词来源的名词。这些词在性质上是名词,在意义上是谓语动词或形容词的意义。名词化结构有许多组合方式,能够表达复杂的思想。例如:

Recent developments in the utilization of sanity power by reverse electrodialysis and other methods are discussed.

本文讨论采用逆电渗法和别的方法来利用盐动力的最新进展。

上例中的名词化结构 the utilization of salinity power by reverse electrodialysis and other methods 已从具体的行为过程抽象出来,与介词 in 构成短语,来修饰 developments。

2. 语义浅显

专用科技文体因为正式程度较高,所以极力排除语义上的模糊性,其语义关系非常浅显。

(1)逻辑连接词的使用。专用科技文体因为较强的逻辑性,因此大量使用各种逻辑连接词。例如,时间与空间、列举与例证、原因与结果、比较与限定、推论与总结等。

(2)词汇的重复使用。专用科技文体常常重复使用同一个词语,或者用上义词替代。例如:

The specimen can be inserted between pieces of similar hardness; the sample can be plated; when using casting resins, a slurry of resin and alumina made for just this purpose can be poured around the specimen; the specimen can be surrounded by shot, small revets, rings, etc., of about the same hardness.

试样可夹在具有同样硬度的工件之间,可镀层。当用充填料时,可将树脂与矾土的浆料注入试样周围,使试样被短小的护壁、环状填料(硬度差不多)等所包围。

在本例中,原文重复使用了三次 specimen,the sample 是上义词替代。译文同样不用代词。

(3)比较照应的运用。较少使用人称照应和指示照应,较多使用比较照应。比较照应是两个事物在比较中互相照应。事物是运动和发展的,在与其他事物的联系中获得自己的规定性。常用连接词语包括 such, same, likewise, similar, different, otherwise, other, else, in contrast 等。

第二节　科技文体的写作

刘宓庆(2006)认为,科技英语文体大致包括以下几种:科技读物、科技文献、科技专著、科技论文、科技使用手册、实验报告和方案、科学报道、工程技术说明、技术规范等。此外,有关科技文体的会议、交谈等的用语,有关科技影片、录像等有声资料的解说词以及各类科技信息和文字材料也属于科技英语文体的范畴。以下选择几种主要的科技文体进行写作方面的探析。

一、操作规程的写作

操作规程是一种独立的科学语体,用来介绍一件器物或一套设备的安装、操作方式。在撰写操作规程时要注意以下几个方面。

(1)多采用逐条罗列的语篇结构。
(2)语言严密,无歧义。
(3)句式结构比较单一,多使用祈使句。
(4)关键词以及表达指令的动词重复较多。

下面是一篇介绍反应器加热器的现场装配程序的操作规程。

Field Erection Procedures for 64F 301 Reactor Heater

1. Verify accurately the layout of foundations and anchor

bolts positions as well as the horizontal position and elevation of foundation.

2. On ground, assemble by pairs the radiaton panels. Erect the radiant shell in vertical position on foundation. Install the floor element.

3. Brush the inside of radiation shell. Weld anchorrods to the shell for lining refractory. Check nuts for upper bends guides.

4. Install lining refractory in radiant section, floor excepted.

5. Install lower return bends supporters.

6. Erect prefabricated elements of radiation coil. Install upper bend guides.

7. Weld inlet and outlet manifold.

8. Verify positions of guides and supports of radiation coil.

9. Install lining refractory on the floor with openings for burners, blocks, sight ports, tubes crossings.

10. On ground, brush the inside of radiant cone and stack element with damper obturator. Weld anchorrods for lining refractory.

11. On ground, install lining refractory in cone and stack element. Check the design operation of damper and obturator in the stack. Verify the orientations of all connections.

12. Erect cautiously the radiant cone and the stack element. Install winch and amper cable with guides.

13. Install lower platform with brackets, handrails and ladder. Install landing top of radiation with brackets, handrails and ladder.

14. Install burner tiles and burners. Verify that the floor datum level is correctly horizontal.

15. Install flame detector in radiation shell.

16. Install skin thermocouples.

17. Install and verify miscellaneous details. Check the correct working of damper obsturator, burners, doors as well as position of flam e detector. Install flame detector. Install name plate. Verify that all openings for guides, supporters, tubes, and so on, are filled with refractory products according to the drawing.

18. Verify correct cold position and clearances for expansion of tubes and manifolds. Check all connections and orientations.

19. Install two stairs for lower common platform access, after ground assembly, including steps and handrails.

20. Proceed to coil hydraulic test.

21. After the test, verify the good closure of access and explosion doors, all joints, tube expansion and so on.

二、科技报告的写作

尽管科技论文中的研究报告可视为科技报告的一种,但是科技报告与科技论文仍然存在较大的差异。由于科技报告仅作交流或汇报之用,因此通常比科技论文更简短一些。科技报告包含实验报告、测试报告、进度报告、田野报告、事故报告等。科技报告既可以是报告语体,也可以是书信语体。

下面是一篇科技报告的例文。

Examination of the Necessity of Buying Videotape Recorders for the Language Laboratory

Shi Ming   October 22, 1981

Purpose

The purpose of this inspection is to determine, at the request of the Equipment Division, whether the language laboratory needs to buy videotape recorders to improve the language skills of students, particularly those of postgraduates.

Conclusions

These conclusions were based on personal attendance at no less than 10 language classes taking place in the language laboratory from September to October, 1981. The present equipment was found to be quite unsatisfactory for students, particularly for postgraduates.

1. There are no videotape recorders.
2. There are no educational videotape recordings.

Suggestions

1. That two videotape recorders be bought.
2. That five videotapes be bought.

三、科普文章的写作

科普文章大致分为说明文与描写文两大类别。

（一）说明文

说明文通常用简洁明了的文字介绍事物、解释事理。凡是对事物的类别、性质、状态、功能和特征以及事物的发生、发展和消亡等过程进行说明的文章，都属于说明文。

科普说明文通常具有知识性、科学性、应用性、解说性、条理性等特点，其目的在于提供知识，使读者了解世界和获得问题的解决办法。撰写科普说明文应注意以下几点。

（1）题目范围不应该太大，所讨论的问题的数量不宜太多，否则容易表达不清。

（2）准备充足的信息资料，如实例、数据等。

（3）根据读者群体，适当调节写作内容，适当降低说明文本身的枯燥感。

（4）可采取多种撰写方式，如举例子、类比或对比、下定义等。

（5）用词要清晰、准确，切忌使用模糊或带有装饰性的词语。

下面是一篇说明文的例文。

How Nature Breaks Rocks

An object which is placed in the sunshine becomes hot, and heat causes most materials to become slightly bigger—that is, to expand. An iron bar, for example, whose ordinary length is 6 feet becomes about 1/2 inch longer when it is made red hot. The sun, of course, does not make rocks on the earth's surface red-hot, but rocks which are not protected by soil and plants do become quite warm in the sunshine. The surface of the rock expands very slightly, but the inside of the rock, which is not hearted, does not expand. This causes a little crack, and gradually little pieces of the rock break away.

The freezing of water also breaks off little pieces from rocks. When water is made cold enough, it turns into ice, and the ice takes up a little more space than the water from which it is made. One cubic foot of water forms 11/10 cubic feet of ice. If we take a bottle full of water, tie the cork firmly in place, and leave it where it is so cold that the water freezes, we find that the bottle breaks. This is because the ice which is made needs more space.

Water may fill a crack in a rock; it freezes when it is very cold and, in doing so, makes the crack wider. Gradually little pieces of rock break away. We should expect rocks to be broken in this way near the tops of high mountains, where it is very cold. The little pieces of rock which are broken off from hills and mountains roll down into the valleys, and we sometimes find great heaps of rough, sharp stones near the bottom of a mountain.

The wind causes much wearing of rocks, particularly if sand and dust are blown along by it. If the wind blows over sandy country, such as deserts and beaches, it picks up quite a lot of sand and carries it along. The particles of sand rub, scratch and cut the rocks against which they are blown. Soft rocks may be gradually worn away and harder rocks are rubbed so that they become sooth and shiny. Sometimes a rock is made into a very strange shape because softer parts are worn away and harder parts are left. The wind near the ground carries most sand with it and so wears the lower parts of big masses of rock most. The lower part of a cliff may be worn away and then, in time, the upper part falls down.

Sooner or later, the sand and the particles of rock drop from the wind to the ground. In sandy places you can often see heaps of sand forming little hills. They are called "sand dunes". Sand is blown along near the ground and some forms a little pile grows and forms a sand dune. Sand may be carried many miles by the wind. A dry wind called the Harmattan, which blows from the Sahara desert over Ghana and Nigeria, carries much sand and dust. The dust falls to the ground as a fine powder.

Much wearing and breaking of rocks takes place on the seashore; for the action of the sea is very powerful. As you stand on a beach, you can hear and see the sea at its work. Stones are dragged up and down the beach, and worn so that they become round and smooth. On some parts of the coast the waves beat against the rocky cliffs. The mere force of the water would slowly wear the cliffs, but this damage is small compared with that caused by the stones and sand which the water throws against them.

(二)描写文

描写文应对事物的基本信息,如形状、大小、质地、性状、颜色、性能、效用等做出真实、清楚的描述。若该事物还具有某种实用价值,则应将其使用方法、注意事项等介绍清楚。

在撰写这类科普文章时,要注意以下几个方面的问题。

(1)在写作前一定要参阅大量的文献资料,以做好充足的准备。

(2)描写文中所使用的语言一定要客观、准确,避免产生歧义。

(3)在描写的过程中一定要突出重点,将事物具有典型意义的方面突出出来。

下面是一篇描写文的例文。

Machines with Brains

During the last hundred years, industry has become more and more mechanized. Machines have taken over much of the work that was formerly done by human hands and muscles. But in the past each machine had to be looked after by a man or a woman whose eyes and brain controlled and guided it. Now a great change in our tools has begun to take place. Industry is being automated. The machines themselves are being given eyes and brains, so that people are not needed to attend them. The eyes and brains are supplied by specially-designed electrical circuits.

The operation of automatic machines is based on "feedback". The machine is given a way of "watching" what it does and of "recognizing" when to stop and do something else. A simple example of feedback can be found in the control of a central-heating oil-burner, by a thermostat.

The working part of a thermostat is a bar made of two pieces of different metals, attached back to back. The two metals expand when they get warm, but one expands faster than the other. As a result, when the bar gets warm, it begins to curl. When it cools off, it straightens out again. The bar is set next to a screw, so that it touches the screw when it is straight, but pulls away when it is curled. The bar and the screw are both part of an electrical circuit that controls the switch mechanism of the oil-burner. When the air in the building becomes cool, the bar cools, straightens, and touches the screw. This completes an electric circuit and the oil-burner is switched on. As the air in the building becomes hotter, so does the bar, and it begins to curl. It pulls away from the screw, the current stops flowing and the oil-burner is switched off. A thermostat of this kind can be adjusted to keep the temperature of the house at any required level.

Completely automatic machinery is now used in oil refineries. The oil is "cracked" by heat with the help of a catalyst-in this case, a powder that speeds up the refining process. The oil is broken up into petrol and other products which are then separated from each other. The process goes on non-stop. Oil flows into the machinery at one end and the refined products flow out of the other. The catalyst is used, cleaned and used again. Automatic controls are used not only to regulate the temperature, but the rate of flow of materials and many other things.

四、产品说明书的写作

（一）产品说明书的内容

产品说明书通常和产品放在一起，用来介绍产品的特点及操作方法等信息。具体来说，产品说明书应包含产品的用途、特点、主要技术数据、操作说明、维修注意事项等内容，且一般由生产单位编写。产品说明书实际发挥着一种宣传作用。如果说明书和产品的实际情况不符，不仅可能失去用户的信赖，还有可能对用户安全造成威胁。因此，产品说明书的撰写必须遵循实事求是的原则。

(二)产品说明书的格式

产品说明书的撰写常由于产品的不同特点而采取不同的形式,但其基本格式仍基本一致。它必须包含封面、使用方法、主要技术数据、附属备件及工具、保养和维修、封底。前言、目录不是产品说明书必不可少的部分。

(1)封面。封面应该标明产品名称、产品商标、产品图样、规格型号、生产厂名等信息。

(2)前言。前言的内容并不固定,既可以介绍新产品的特点,也可以突出新产品的优势。前言并不是产品说明书的必要内容。

(3)目录。当说明书内容较多时,编排目录有利于读者阅读效率的提高。与前言一样,目录也不是产品说明书的必要内容。

(4)使用方法。使用方法的撰写应准确、明了,若能配上插图辅助消费者理解更佳。

(5)主要技术数据。有关数据的表达务必做到准确、简洁。为使表达更一目了然,可采用表格方式呈现。

(6)附属备件及工具。除产品外,若还附赠备换零件和工具,则应在这特此说明。

(7)保养和维修。主要介绍产品保养的一般知识和维修的注意事项。

(8)封底。厂家信息应列于封底,以便于使用者及时与厂家联系。此外,封底正中还可印上醒目的商标,以达到宣传目的。

下面是一篇产品说明书的例文。

Instruction Manual for Sharp UD-952 Microphone

Features

(1) This type of microphone employs a double dome diaphragm to achieve a well-balanced sound quality from the lower range to the upper range so that a crystal clear sound quality is produced.

(2) A light aluminum wire (LAW) is employed for the voice

coil to achieve high quality sound.

(3) A reliable Sharp brand connector is employed.

Operating Instructions

(1) Insert the microphone plug into the microphone terminal.

(2) Switch the microphone to the "ON" position.

(3) Adjust the volume with the volume control knob on the amplifier before use.

(4) Move the microphone switch to the "OFF" position when you finish the song or speech before handling the microphone to someone else.

Precautions

(1) If the microphone head is covered by hand or the microphone is carried to the speaker, a sharp noise may be generated, which is caused by the microphone picking up the sound output from the speaker. To prevent this, first decrease the volume, then place the microphone in such a way that it is not pointed to the speaker. Be sure that there is a sufficient distance between the microphone and the speaker.

(2) The microphone is sensitive equipment. So avoid dropping or hitting it. Don't apply strong shock to it.

(3) Don't store the microphone in a place with high temperature or humidity.

五、科技论文的写作

一般来说,科技论文包括标题、作者署名、摘要、关键词、目录、正文、致谢、参考文献、附录、作者简介。其中,标题、作者署名、摘要、关键词、正文、参考文献是必要的成分。其他几个部分是可有可无的。

(1)标题。科技论文的标题应对全文主题进行概括,并做到精准、恰当、简洁明了。

(2)作者署名及单位。需要注意的是,署名要使用作者姓名的全称。

(3)摘要。摘要应具有高度概括性。

(4)关键词。关键词是论文中的核心概念,其数量一般为3～8个。

(5)目录。目录不是论文的必要组成部分。论文可根据自身的长短选择是否添加目录,较长的论文应有目录,较短的可没有。

(6)正文。一般来说,正文应包括引言、理论背景、材料和实验、结果与讨论、结论等部分。

(7)致谢。致谢不是论文的必要组成部分。致谢的语言应简洁、朴素、真诚。

(8)参考文献。论文写作过程中参考、引用的资料应在参考文献中体现出来,以避免版权问题。

(9)附录。附录并非论文的必要组成部分,它是对论文中涉及的某个定理的证明或者对某一项内容的补充说明等。

(10)作者简介。作者简介不是论文的必备内容。作者简介主要包括作者的教育背景、工作经历、目前的科研方向、科研成果、已发表的论著、获奖情况等。

下面是一篇科技论文的例文。

On-line Diagnosis of Marine Diesel Crankshaft Crack Based on Magnetic Memory

LI Han-lin, LIN Jin-biao, CAI Zhen-xiong, LU Yong

(*Marine Engineering Institute*, *Jimei University*,

Xiamen, *Fujian* 361021)

Abstract: This paper summarized recent diagnosis methods of marine diesel crankshaft crack and introduced the fundamental principle, development and application of metal magnetic memory testing (MMMT) diagnosis technology. Compared with other methods, a scheme developed from MMMT combined with torsional signal to make on-line diagnosis of crankshaft crack was proposed, and the on-line diagnosis experimental platform of diesel was designed. Finally, comments were also made on the on-line MMMT method.

Keywords: marine diesel; crankshaft; crack; metal magnetic memory

1. Introduction

Most of the crankshaft cracks on ocean marine diesel are deeply latent and difficult to detect artificially. In general, while the crack develops to a certain extent it will rupture and cause destructive breakage. If inchoate stress concentration and tiny crack of crankshaft are detected on-line by Non-Destructive Testing (NDT) methods, the diesel can be stopped before the full development of the crack and thus rupture can be avoided. A new NDT method, MMMT developed rapidly recent years with advantages in such areas as cheap and simple sensors, measuring without impacting diesel operation and long-term on-line detection. Therefore, there will be a great foreground to use MMMT in crankshaft crack detection.

2. Dynamic Diagnosis of Crankshaft Crack

2.1 *Static Diagnosis of Crankshaft Crack*

Crankshaft crack is one of the fatal faults in diesels. There are some static NDT methods to diagnose crankshaft crack such as Ultrasonic Testing, Radiographic Testing, Magnetic Particle Testing, Penetrate Testing, Eddy Current Testing, Optical Holography, and Microwave Testing. These methods have taken an important part in crankshaft quality control and accident prevention. However, on the other hand there are several disadvantages of these methods. Firstly, all of them must find cracks already formed and cannot detect unexpected ones. Secondly, they are unable to make on-line detection and fault diagnosis. Thirdly, most of them need surface pretreatment of the facilities before inspection. Finally, the accuracy of detection is affected by crankshaft configuration and personal skill.

2.2 Dynamic Diagnosis of Crankshaft Crack

At present there are some methods to diagnose shaft cracks on-line: rotor engine vibration displacement method, train wheel shaft temperature testing, acoustic emission and tortional vibration signal testing. However, vibration displacement method is unfit for diesel crankshaft crack diagnosis due to the strong vibration from reciprocating movement which makes it difficult to survey displacement and acceleration. Although there is local high temperature on the cracks, it is hard to inspect the change of the crankshaft temperature due to the high temperature of the lube oil in the diesels. Acoustic emission method is still in developing as great noise from diesel operation makes it difficult to measure high frequency acoustic wave emitted by crack. Therefore at present it is feasible to diagnose crankshaft crack on-line by using torsional vibration signal.

2.3 Crankshaft Crack Diagnosis Using Torsional Vibration Signal

Literature [3] brought forward a method using torsional vibration signal detected real-time from diesel to diagnose crankshaft fault. It studied crack fault diagnosis though measuring the characteristics of the torsional vibration of the shafting flywheel system, and presented that model frequency and damp were sensitive parameters of cracks. The torsional vibration measuring system of the diesel had several advantages such as: easy measuring, no direct contact, cheap sensor and longevity. It was a long-term reliable alarm method for diesel shafting crack. Research group in Marine Engine Institute of Jimei University has done the research of internal-combustion engine score fault with intelligent torsional vibration diagnosis system, and it was a successful case of on-line fault diagnosis based on torsional vibration signal.

3. Metal Magnetic Memory Testing Technique

In the year 1997, Russian professor A. A. Dubov brought forward correlative theory of metal magnetic memory on the World Conference on NDT, developed MMM instruments and formed MMM NDT technique5.

3.1 *Theory of Metal Magnetic Memory Testing*

Under the condition of the existence of the outside magnetic field, usually the magnetic field of the earth, there will appear a phenomenon in the stress concentration zone of ferromagnetic components with load that permeability of material besides the zone reduces and surface leak magnetic field increases, which is called magnetostriction. It will makes the surface magnetic field of the ferromagnetic accessory increase, and the magnetic field can remember the location of disfigurement and stress concentration zone, thus it is named metal magnetic memory.

At present, one of the most popular explanation to the magnetic memory is that, loaded by alternating stresses, unsymmetrical elasto-plastic strain will take place in the magnetic domain formed by spontaneous magnetization in ferromagnetic material, and then unequal magnetic flux density will be induced by tensile and compressive stress. Within the magnetic field of the earth, disfigurement and stress concentration zone of ferromagnetic components will produce maximum leak magnetic field, and there will be maximum tangential component HpX of the magnetic field intensity and zero normal component HpY.

3.2 *Metal Magnetic Memory Testing Instruments and Their Practical Use*

Research on magnetic memory testing instruments in foreign is in pace with the technological development. Foremost of all were TSC-1M (see Fig.1), TSCM-2FM and TSC-IM-4 stress concentration magnetic testing instrument developed by Energodiagnostika Ltd. of Russia. These instruments were associated with different types of sensor for various requirements. Software of these instruments for signal analysis and data processing was also developed in Russia. For example, MM-System data processing software produced by Energodiagnostika Ltd. was able to analyze MMM signal and display the signal in three models: 2-D, 3-D and polar coordinates model (see Fig.2).

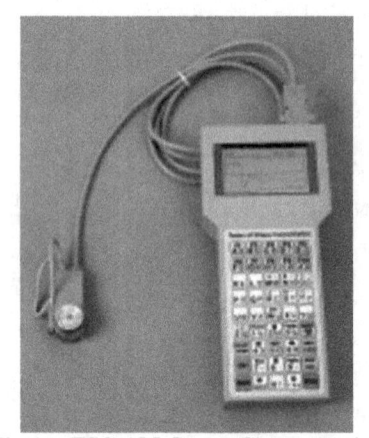

Fig.1 *TSC-1M* Stress Concentration Magnetic Testing Instrument

Internal MMM testing instruments were mainly developed by Eddysun (Xiamen) Electronic CO., LTD. In the year 2000, EMS-2000 metal magnetic memory diagnosis instrument (see Fig.3) with different types of sensor was produced by the company for ferromagnetic components disfigurement diagnosis. At the same time, M3DPS (see Fig.4) software for signal analysis and data processing was developed to locate early fatigue damage.

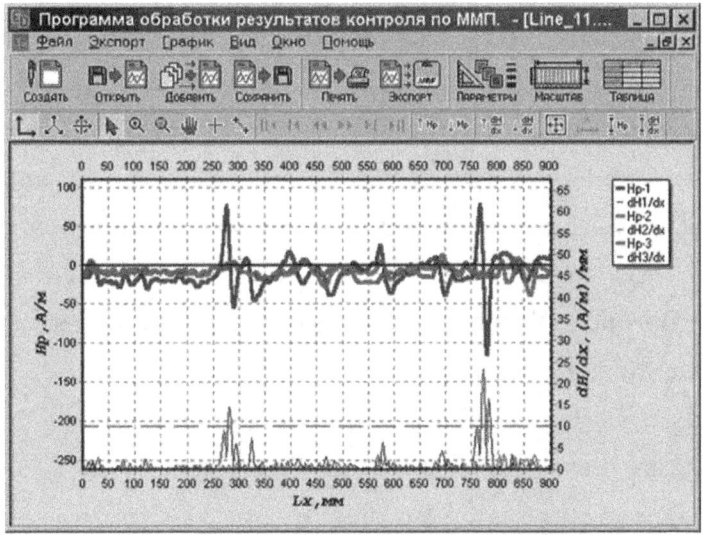

Fig.2　*MM-System* Data Procession Software

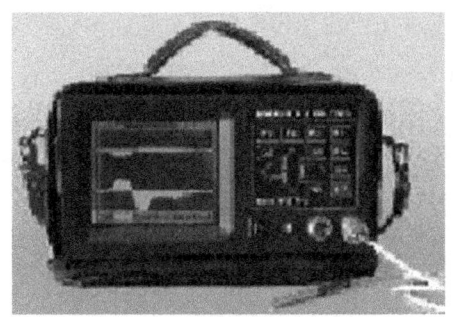

Fig.3　*EMS*-2000 MMM
Diagnosis Instrument

Fig.4　*M3DPS* Software
3-D Display

Applications of MMM testing in China has developed rapidly focusing on crack testing of steel welding line, pressure vessel, aeronautical structure, thermal power plant and so on. Firstly, in the field of steel material weld testing, it was mainly used for dissimilar steel welding, hull structure steel plate welding, early diagnosis of welding disfigurement, welding line quality examination, power plant EH oil pipe fillet welding joint, high pressure boiler pipe seat fillet welding joint and so on. Secondly, it was applied in pressure vessel testing for high pressure bottle, vessel welding residual stress measurement and so on. Thirdly, it was applied in aeronautical structure testing for earlier disfigurement and plane undercarriage inspection. Fourthly, it was applied in thermal power plant testing for steam turbines component, blades crack, throttle valve and reheat tube crack diagnosis.

4. On-line Diagnosis of Crankshaft Crack Using Metal Magnetic Memory Testing

4.1 *Crankshaft Crack Metal Magnetic Memory Testing*

Marine diesel engine crankshafts are mainly made up from ferromagnetic material. According to MMM theory, stress concentration zone on crankshaft will produce maximum tangential component HpX of the magnetic field intensity and zero normal component HpY with alternation of symbol. With scanning inspection of the surface magnetic field of crankshaft by MMM testing sensor and instrument, the stress concentration zone will be found out according to the zero normal component of the field intensity, and then the existence of crack on the crankshaft can be estimated indirectly. With this method, the location of cracks can be found out without interrupting normal operation of the diesel, and give an alarm in time to remind engineers of operation condition of the diesel.

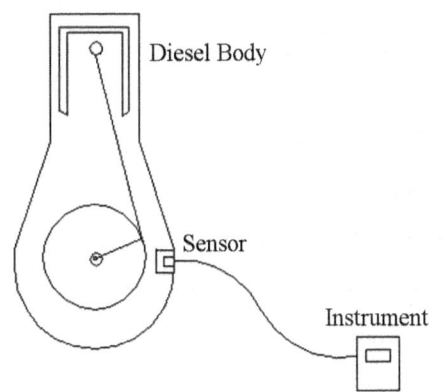

Fig.5 Diesel Crankshaft Testing Design

In the design, the sensor of the instrument will be placed into the body of the diesel through the guide door of the diesel, and it can directly scan zones with the most probable existence of stress concentration, such as locations near oil bore and fillet. In case the normal component of magnetic field intensity of the location shows a change from positive to negative or from negative to positive, it means that there may be tiny crack or stress concentration taking place, and at the same time, the instrument will record in a log and give an alarm. The method is simple, effective and feasible to on-line testing on operating diesel on ships.

4.2 Design for Crankshaft Crack Testing Simulation Experiment

In order to put MMM crankshaft crack testing method into practical application to ships, simulation experiment should be done, and the model experiment platform is built from a two cylinders diesel. The platform takes shaft accessory as the research object, and uses standard ball bearings to support shaft. By means of replacing shaft and bearings, the platform is able to do simulate experiment for shafts in different sharp or length such as roll shaft and crankshaft. The shaft is connected to electromotor by adapting flange, and the motor controlled by transducer can drive the shaft with different rotate speed to simulate running of uniform velocity and accelerated velocity. The bearings are fixed on steel foundation by two bearing seats, and the shell on the steel foundation is made up from organic glass to make the observation and the installation of the MMM sensor easy. There is lube oil deposited in the steel foundation and heated up by electro thermal coil. Heated lube oil is pumped to the top of the shell by a small gear oil pump and injected to shaft and bearings to lubricate them and simulate high temperature in diesel. Then the oil flows into oil sump forming a cycle. The MMM sensor is installed in the sides of the platform body through a probe hole, and its installation angle, depth and horizontal location can be adjusted to scan the magnetic field intension of the whole shaft to find the stress concentration zone.

At the same time, stress distribution of diesel crankshaft with crack will be analysized by finite element method software ANSYS and the magnetic field intension model varied with time and temperature will also be constructed for calculation. All of these simulations are fundamental to MMM crack testing of crankshaft9.

5.Conclusion

MMM crankshaft crack testing method is a new technique used for on-line inspection, and there are some issues to deal with in further study. The first one is quantificational relation between leak magnetic field intension near crack and stress, surrounding magnetic field, and the depth and width of crack. Secondly, there are several factors having certain impacts to the MMM signal such as temperature, residual magnetic field and surface roughness, therefore, data processing should be done to eliminate these impacts.

At present, marine diesel crankshaft crack testing is still being done by means of static method in China. MMM testing may solve the problem of early stress concentration inspection. This method has the advantages as cheap and simple sensors, measuring without affecting diesel operation and long-term on-line detection. It may forecast stress concentration zone and avoid hidden trouble of crankshaft rupture accident. Combined with torsional signal, MMM testing on-line diagnosis of crack will be achieved.

References:

[1] Peixin YUAN, Heji YU. Crack Fault Diagnosis in Shaft. *Journal of Northeastern University (Natural Science)*, 1997(1), 12-16(in Chinese).

[2] Wenhu HUANG, Songbo XIA, Ruiyan LIU, *Theory, Technique and Application of Equipment Fault Diagnosis*, Beijing, Academic Publisher, 1996(in Chinese).

[3] Wanyou LI, Zhenxiong CAI, Zhiqiu WANG, Diagnosis of Crankshaft Crack in Diesel Using Torsional Vibration. *Journal of Shanghai Jiaotong University*, 2004(11), 1028-1031(in Chinese).

[4] Wanyou Li, Zhenxiong Cai, Yan Liu and Zhiqiu Wang, Research on Diagnosis Method for Diesel Cylinder Score Using Torsion Vibration Signal. *Ship Engineering*, 2003(5), 19-23(in Chinese).

[5] A. A. Dubov, Principal Features of Metal Magnetic Memory Method And Inspection. *16th WCNDT 2004 World Conference on NDT*, Montreal, Canada.

[6] Weichang Zhong, Theoretical Fundamentals of the Metal Magnetic Memory Diagnostics: Spontaneous Magnetization of

Ferromagnetic Materials by Elastic-Plastic Strain. *NDT*,2001 (10),424—426(in Chinese).

[7]Junming Lin,Xingzeng Yu and Chunjing Lin,Software M3DPS for Metal Magnetic Memory Diagnostic Instrument. *NDT*,2001(7),286—288(in Chinese).

[8]Qilin Qian,Hailiang Gao,Huihua Zhang and Junming Lin,Theory and Application of Hull Structure Steel Plate Welding Based on Metal Magnetic Memory Diagnosis. *Ship Building Technique*,2002(1),25—27(in Chinese).

[9]Zhi Hu and Jilin Ren,Stress Analysis and Magnetic Memory Testing of Ferromagnetic Items. *NDT*,2001(7),286—288(in Chinese).

[10]Hui Ding,Han Zhang,Xiaohong Li and Xishan Wen. The Theoretical Model For Detecting Cracks By Metal Magnetic Memory Technique. *NDT*,2002(2),78—81(in Chinese).

第三节　科技文体的修辞

在遵循客观、科学的原则下,科技文体不宜过多使用修辞格。但是,某些情况例外。为使复杂的问题简单化或者使抽象的原理、概念或者技术具体化,科技文体也会使用一定的修辞手段。

一、音韵修辞

为降低文本的枯燥感,使读者的注意力持续放在文本上,科技文体常常使用头韵修辞的手段。例如:

Solar System Search from Space
从太空探索太阳系
本例是一则科技文章的标题,其中四个单词押头韵/s/,增加了标题的音韵美。

It is, basically, a response to propaganda, something like the panic-producing pheromone that slave-taking ants release to disorganize the colonies of their prey.

这大致是对信息传递的一种反应,像蚂蚁释放诱致惊恐的信息素在起作用,以使其捕食的群体造成混乱。

本例中的 panic-producing pheromone(诱致惊恐的信息素)押头韵/p/,读起来朗朗上口,有效增加了语篇的趣味性。

二、词语修辞

(一)比喻

科技文体使用比喻修辞,如明喻、暗喻等,可以使复杂的技术词汇或者概念更加具体,从而便于读者理解。

(1)科技文体中用来表示物体形状、特征的合成词本身就是一种明喻。例如:

R-sweep R 形扫描

twist drill 麻花钻

claw magnet 爪形磁铁

dovetail slot 燕尾槽

C-clamp C 形夹

shoe button cell 鞋扣形电池

splice bar 鱼尾板

U-shaped spring U 形弹簧

O-ring O 形环

V-belt 三角皮带

(2)科技文体还常常利用 like, unlike, as, seem, as if/though, similar to 等比喻词构成明喻,使抽象事物具体化、形象化,使深奥的道理简单化。例如:

There now exists a kind of glass so sensitive to light that, like photographic film, it will record pictures and designs.

现在有一种对光十分敏感的玻璃,它像胶卷一样能记录图像和图案。

REM was named for the "rapid eye movement" that happens while you are dreaming. During REM sleep, your eyes move back and forth behind your closed lids, as though you were watching a movie.

REM 为"快速眼动"的缩写,人在做梦时常发生这种现象。REM 眨眼过程中,眼睛在闭合的眼帘后来回移动,好像在看电影一般。

(3)当用来描述读者不太熟悉的事物的性能、特点和用途时,科技文体常使用暗喻来帮助读者理解。例如:

Yet another possibility is that the steady growth in the number of clinical categories for mental illness is fuelling a kind of "disease inflation".

然而,另一种可能性是精神病临床种类数目的稳定增长加速导致一种所谓的"疾病膨胀"现象——精神病范围的盲目扩大。

Vitamin D, an essential nutrient found in fruits and vegetables and taken in large doses by many people as a dietary supplement, is a double edged sword, providing benefits but also inducing the production of compounds associated with cancer.

维他命 D 乃水果、蔬菜中的一种重要营养物质,很多人大剂量地服用以作补充。殊不知,它可是一把双刃剑,能给身体带来好处,也能产生致癌化合物。

(二)借代

用相似的事物代替所表述的事物,有时可以使得读者更好地理解和接受所表述的事物。例如:

Generally, if carbides are to be used in wear application

where they are not subject to impact loads, grades containing very small amounts of cobalt binder are specified.

一般说来,硬质合金如用在耐磨损而不受冲击负荷的地方,则规定采用含有微量钴黏结剂的硬质合金。

本例用 grades 借代 carbides。

More often, the heart disease process progresses silently until symptoms occur because the pump is not supplying blood in sufficient quantity to other organs.

更常见的是,这种心脏病在发作过程中并无症状,后来发生症状是因为心脏不能给其他器官供应充足的血液。

本例用 pump 代替 heart。

(三) 夸张

科技语篇强调准确性和客观性,但适度的夸张结合恰当的解释,是一种有效的科技传播途径。例如:

If there really were millions of times more comet strikes than we believes, the moon's surface would be much more heavily cratered, and Earth's stratosphere would be saturated with water. It's quite dry.

如果彗星撞击地球的次数远远超过我们所掌握的数据,那么月球表面应比现在更加斑痕累累,沟壑纵横,而实际并非如此。地球的同温层也该包含水分,但实际上,那里却十分干燥。

(四) 反语

科技文体由于本身的内容往往使人感觉沉闷枯燥,此时如果使用一些反语,可以使文章增添几分趣味。例如:

Skin care product that clean, soft and moisturize not only improve a person's appearance, they are tantalizing to mosquitoes.

琳琅满目的护肤品除了有美容之功能外,居然也招惹蚊子。

（五）拟人

科技文体所描述的理论、公式、原理等是相对呆板、无趣的，拟人修辞的适当运用可使科技文体生动活泼。实际上，很多科技文体中的术语都是来源于拟人修辞的使用。例如：

instructions 指令
data processing 数据处理
arm 机器人的手臂
memory 记忆器
robotcop 机器人警察
robot-nurse 机器人护士

在语篇中使用拟人修辞可提高文章的趣味性和可读性。例如：

Since the early 1950s, when naval missiles came of age, the way in which the different navies evaluated the level of importance to be attributed to naval gun has been marked by ups and downs.

自从20世纪50年代初舰载导弹开始服役以来，各国海军对舰炮重要性的评价就各不相同。

It is very much like communicating with an accurate robot who has a very small vocabulary and who takes everything literally.

这就很像和一丝不苟的机器人讲话，它只有很少词汇，而且你怎么说它就怎么做。

三、结构修辞

（一）对照

在科技文体中使用对照的修辞手段，可以突出文章的重点内

容,使读者的印象更加深刻。例如:

In some cases natural materials are subjected to only minor treatment such as drying. Examples are cotton, wool and timber. In other cases, natural materials have to be chemically changed into the materials man requires, such as plastics.

在有些情况下,对天然材料只做一般处理,如干燥处理,棉花、羊毛和木材就是这样。在另外一些情况下,则对天然材料进行化学处理,将它们变成所需要的材料,如塑料。

本例将两种情况下对天然材料的不同处理手段与结果进行对照,使读者自然而然地认识到处理方式应适应于实际需要,其本身无优劣的差别。

(二) 反复

在科技文体中使用反复修辞手段可以强调文章所表达的思想和内容,有利于读者更加清晰地理解文章。例如:

The piece of information, or data, that are presented to the machine (computer) are called the input. The internal operations of the machine are called processing. The result that is returned is called the output.

送入机器(计算机)一条信息或一条数据,叫作输入。机器内部的操作叫作处理。送出的结果叫作输出。

本例重复使用了三个 called,一方面将计算机的输入、输出和处理表述得条理清晰、逻辑严密,另一方面也加强了客观的语气。

(三) 排比

为了使文章节奏鲜明、语气强烈、重点突出,科技文体常使用排比修辞。例如:

The next medical revolution will change the problem, because genetic engineering has the potential to conquer cancer, grow new blood vessels in the heart, block the growth of blood vessels in tumors, create new organs from stem cells and perhaps even reset the primeval genetic coding that causes cells to age.

下一场医学革命将会改变这一状况,因为基因工程有可能征服癌症,有可能培植出新的心脏血管,有可能阻止肿瘤血管的孳生,有可能利用干细胞制造出新的人体器官,甚至有可能对引起细胞老化的原始遗传密码加以重新编码。

本例通过 conquer…, grow…, block…, create…, reset… 等五个平行结构进行排比,既向读者展现了基因工程带来的各项便利,又起到了加强语气的作用。

(四)反问

在科技文体中使用反问的修辞手段,有助于加强说明事理时的语气,同时可以提升语篇的可读性。例如:

What is the role of clones in society? Can they become human s laves or organ donors? Who are their parents? Who is their family?

克隆人在社会中处于什么样的地位?他们是人类的奴隶还是器官供体?他们的父母是谁?他们的家人又是谁?

本例一连提出了四个问题,将克隆人的复杂性呈现在读者面前,这就使读者意识到这是个不容小觑的问题。

参考文献

[1](英)库珀(Cooper,C.)等编著;张俐俐等编译.旅游学(第3版)[M].北京:高等教育出版社,2007.

[2]鲍文.国际商务英语学科论[M].北京:国防工业出版社,2009.

[3]曾庆茂.英语修辞鉴赏与写作[M].上海:同济大学出版社,2007.

[4]陈可培,边立红.应用文体翻译教程[M].北京:对外经济贸易大学出版社,2012.

[5]崔刚,孔宪遂.英语教学十六讲[M].北京:清华大学出版社,2009.

[6]德曼著,李自修等译.解构之图[M].北京:中国社会科学出版社,1998.

[7]丁大刚.旅游英语的语言特点与翻译[M].上海:上海交通大学出版社,2008.

[8]方梦之,毛忠明.英汉—汉英应用翻译教程[M].上海:上海外语教育出版社,2005.

[9]傅克斌,罗时华.实用文体写作(第2版)[M].北京:科学出版社,2010.

[10]高名凯.普通语言学(下册)[M].上海:新知识出版社,1957.

[11]郭霞,尚秀叶.大学英语写作与修辞[M].北京:冶金工业出版社,2008.

[12]何广铿.英语教学法教程理论与实践[M].广州:暨南大学出版社,2011.

[13]胡吉成.修辞与言语艺术[M].北京:中央广播电视大学出版社,2005.

[14]胡曙中.现代英语修辞学[M].上海:上海外语教育出版社,2004.

[15]姜望琪.语篇语言学研究[M].北京:北京大学出版社,2011.

[16]蒋景东.商务英语教学论[M].杭州:浙江大学出版社,2011.

[17]蓝纯.修辞学:理论与实践[M].北京:外语教学与研究出版社,2010.

[18]李太志.商务英语言语修辞艺术[M].北京:国防工业出版社,2007.

[19]林竹梅.旅游翻译理论与实践[M].北京:对外经济贸易大学出版社,2014.

[20]刘成科.演讲实战高手[M].济南:齐鲁电子音像出版社,2009.

[21]刘宓庆.文体与翻译[M].北京:中国对外翻译出版公司,2006.

[22]卢思源.新编实用翻译教程[M].南京:东南大学出版社,2008.

[23]吕熙.实用英语修辞[M].北京:清华大学出版社,2004.

[24]苗兴伟,秦洪武.英汉语篇语用学研究[M].上海:上海外语教育出版社,2010.

[25]潘绍嶂.英语修辞与写作[M].上海.上海交通大学出版

社,1998.

[26]彭萍.实用旅游英语翻译:英汉双向[M].北京:对外经济贸易大学出版社,2010.

[27]彭漪,柴同文.功能语篇分析研究[M].北京:外语教学与研究出版社,2010.

[28]秦秀白.英语语体和文体要略[M].上海:上海外语教育出版社,2001.

[29]史俊杰.错误分析理论对高中英语写作教学的启示[D].上海:上海师范大学,2012.

[30]束定芳,庄智象.现代外语教学:理论、实践与方法[M].上海:上海外语教育出版社,2008.

[31]魏海波.实用英语翻译[M].武汉:武汉理工大学出版社,2009.

[32]翁凤翔.当代国际商务英语翻译[M].上海:上海交通大学出版社,2007.

[33]翁凤翔.商务英语研究[M].上海:上海交通大学出版社,2009.

[34]谢屏,刘育文.实用英语翻译[M].长沙:湖南师范大学出版社,2009.

[35]谢小苑.科技英语翻译技巧与实践[M].北京:国防工业出版社,2010.

[36]张德禄.语篇分析理论的发展及应用[M].北京:外语教学与研究出版社,2012.

[37]张法连.法律英语翻译[M].济南:山东大学出版社,2009.

[38]张庆宗.外语学与教的心理学原理[M].北京:外语教学与研究出版社,2010.

[39]中国社会科学院语言研究所.现代汉语词典(试用本)

[M].上海:商务印书馆,1965.

[40]安贞慧.谈商务英语写作中文体意识的培养[J].继续教育研究,2008(7).

[41]布鲁斯·霍纳,陆敏湛.写作与修辞研究的跨语言方法[J].当代修辞学,2016(5).

[42]陈剑晖.文体的内涵、层次与现代转型[J].福建论坛·人文社会科学版,2010(10).

[43]陈雁雷,梁军平.商务英语写作过程中常见问题研究[J].现代营销,2012(5).

[44]杜朝明.论法律英语写作教学:方法、内容与观点[J].2012(6).

[45]段春明、刘继安、史修媛.商务英语文体特点和英语商务报告写作[J].北京第二外国语学院学报(外语版),2006(10).

[46]段惠琼,江山.法律文体的汉英句法特点及翻译策略[J].网络财富,2009(10).

[47]黄静.商务英语文体论[J].长春理工大学学报,2011(4).

[48]李华秀.关于写作本质的思考[J].河北师范大学学报,2008(2).

[49]李晓斌."同一"修辞理论视野中的英语写作教学[J].浙江工业大学学报,2014(3).

[50]梁菊宝.错误分析理论及其近10年研究综述[J].考试周刊,2011(14).

[51]刘波.专业英语写作的前期准备探索[J].长春教育学院学报,2009(3).

[52]刘世生,刘梅华.大学生英语写作的过程、挑战与应对策略:个案研究[J].外语教学,2013(4).

[53]刘亚琼.典型商务文本的文体特点[J].高教学刊,2016(6).

[54]罗红霞.对比分析理论与外语教学[J].甘肃联合大学学

报(社会科学版),2013(6).

[55]马新志.写前准备——英语写作过程中不容忽视的环节[J].首都师范大学学报(社会科学版),2010(S3).

[56]宁致远.谈谈法律公文的修辞[J].当代修辞学,1982(3).

[57]欧裕美.文体视角下的法律英语[J].吉林工程技术师范学院学报,2009(7).

[58]齐静.浅议法律文书写作中的常见问题[J].法制与经济,2011(5).

[59]孙雅晶.矛盾修辞在商务英语中的应用[J].新课程研究,2012(5).

[60]谭善明.保罗·德曼:重建逻辑、语法和修辞的关系[J].福建师范大学学报,2014(1).

[61]韦储学.大学生英语写作技巧研究[J].桂林电子工业学院学报,2005(2).

[62]徐赛颖,刘艳苗.英语法律话语通俗化运动及其写作原则[J].宁波大学学报,2014(1).

[63]许连赞.篇章语言学和阅读教学[J].外国语,1989(4).

[64]杨蓉.试论英语写作与英语修辞[J].文化教育,2005(1).

[65]袁科.翻译中的修辞学研究——法律语言英译中修辞探究[J].全球修辞学会会议论文集,2014(11).

[66]张栋.英语商务信函应遵循的写作原则[J].文化论坛,2013(12).

[67]张红云,肖波.实用文体写作规律探究[J].写作,2005(19).

[68]张利.浅析对比分析理论对外语教学的影响[J].外语教学与研究,2012(27).

[69]张清.论辩护词的语言规范与修辞[J].山西财经大学学报,2010(1).

[70]赵晓军.论英语议论文写作的几个步骤[J].内蒙古师范大学学报(教育科学版),2001(6).

[71]邹世诚.简论英语的法律文体[J].广西师范学院学报,1986(4).

[72]Boomer,D.S.,Laver J.D.M.Slips of the tongue[J].*The British Journal of Disorders of Communication*,1968(1).

[73]Corder,S.P.Idiosyncratic Dialects and Error Analysis[J].*International Review of Applied Linguistics in Language Teaching*(IRAL),1971(2).

[74]Enkvist et al.*Linguistics and Style*[M].Oxford:Oxford University Press,1964.

[75]Freeman,D.C.*Linguistics and Literary Style*[M].New York:Holt,Rinehart & Winston,Inc.,1970.

[76]Leech,G.N.& M.H.Short.*Style in Fiction*[M].London:Longman,1981.

[77]Lodo R.*Linguistics across Culture*[M].Ann Arbor:University of Michigan Press,1957.

[78]Oller J.W,Ziahosseiny S.M.The Contrastive Analysis Hypothesis and the Spelling Errors[J].*Language Learning*,1970(20).

[79]Paul de Man.*Allegories of Reading*[M].New Haven and London:Yale University Press,1979.

[80]Sebeok,T.A.*Style in Language*[M].Cambridge,Massachusetts:The M.I.T.Press,1960.

[81]Turner,G.W.*Stylistics*[M].England:Penguin Books Ltd.,1973.

[82]Wardhaugh R.The Contrastive Analysis Hypothesis[J].*TESOL Quarterly*,1970(4).